COLECCIÓN
EL ÁRBOL DE LA VIDA

RELAJACIÓN TOTAL

*Técnicas curativas para aliviar
la tensión del cuerpo,
la mente y el espíritu*

John R. Harvey

ONIRO

Título original: *Total Relaxation: Healing Practices for Body, Mind & Spirit*
Publicado en inglés por Kodansha America, Inc.

Traducción de Miguel Portillo

Diseño de cubierta: Víctor Viano

Fotografía de cubierta: Photodisc Inc

Distribución exclusiva:

Ediciones Paidós Ibérica, S.A.
Mariano Cubí 92 – 08021 Barcelona – España
Editorial Paidós, S.A.I.C.F.
Defensa 599 – 1065 Buenos Aires – Argentina
Editorial Paidós Mexicana, S.A.
Rubén Darío 118, col. Moderna – 03510 México D.F. – México

© 2000 exclusivo de todas las ediciones en lengua española:
Ediciones Oniro, S.A.
Muntaner 261, 3.º 2.ª – 08021 Barcelona – España (e-mail:oniro@ncsa.es)

ISBN: 84-89920-94-X
Depósito legal: B-48.608-1999

Impreso en Hurope, S.L.
Lima, 3 bis – 08030 Barcelona

Impreso en España – *Printed in Spain*

Este libro está dedicado a mi esposa, Dawn,
y a mis hijos, Nada, Jacob, Adam y Sarah. Su amor
y apoyo me ayudaron a terminarlo.

AGRADECIMIENTOS

Me gustaría agradecer la labor tan inspiradora llevada a cabo por todos los médicos, psicólogos y sanadores contemporáneos que han desarrollado y enseñado terapias modernas de relajación. Mi agradecimiento también va dirigido a todos aquellos maestros y sanadores desconocidos que en el pasado desarrollaron técnicas de relajación que han superado la prueba del tiempo y que ahora podemos utilizar todos nosotros.

Este libro ha sido inspirado por los numerosos pacientes que me enseñaron que técnicas de relajación distintas funcionan para personas diferentes con problemas diversos. Gracias también a todos los estudiantes y participantes en seminarios que me dijeron que mi información sobre relajación necesitaba ser puesta en forma de libro. Gracias a Swami Rama, que me inspiró con la frase: «Siéntate y escribe y las palabras vendrán a ti».

Doy las gracias asimismo a Deborah Baker, editora ejecutiva de Kodansha América, que me guió a la hora de dar forma y editar el manuscrito original hasta convertirlo en lo que ahora es. Igualmente gracias a Jennifer Worick, de becker&mayer!, que con mucha habilidad y atención coordinó la producción de este libro.

También me gustaría agradecer la ayuda específica de varios colegas: del doctor Phil Nuernberger, de Mind Resources Technologies, que me ofreció apoyo y consejo a lo largo de este proyecto; a Sue Logan, una sabia y experimentada fisioterapeuta, que me proporcionó comentarios técnicos y editoriales para los capítulos sobre la relajación muscular; al pastor Jon Buxton, cuya revisión de los capítulos sobre relajación espiritual fue de gran ayuda.

ÍNDICE

Capítulo uno

Tensión y relajación: Una introducción

«Sólo tiene que relajarse» debe de ser la frase que más se utiliza a la hora de dar consejos. Los médicos le dicen que se relaje. Su pareja, sus amigos y sus compañeros de trabajo le dicen que se relaje. Por la noche, cuando no puede dormirse porque siente los músculos agarrotados y su mente corre acelerada, usted se dice que tiene que relajarse.

No obstante, relajarse no es tan sencillo como parece. Son muchas las cuestiones que surgen al respecto. ¿Cómo relajarse? ¿Qué técnicas debe utilizar? ¿Debería hacer ejercicio, apuntarse a una clase de aeróbic, nadar, correr, meditar, visualizar paisajes de montaña o realizar ejercicios respiratorios? ¿Qué es lo que funciona de verdad? ¿Qué técnica es la adecuada para usted? ¿Cuándo va a encontrar tiempo para dedicarse a ello?

Puede que incluso sienta un miedo sutil frente a la relajación; tal vez piense que si se suelta y se relaja será todavía peor. La relajación puede conllevar vulnerabilidad. O bien puede usted sentirse incapaz de relajarse.

Este libro está escrito para responder a esas preguntas, mitigar esos temores y ayudarle a encontrar técnicas de relajación adecuadas para usted. La relajación es una habilidad natural que todo el mundo puede aprender y utilizar diariamente y que reporta grandes beneficios. Pero antes de que pasemos a aprender técnicas de relajación exploremos el problema de la tensión y los beneficios de la relajación.

EL PROBLEMA DE LA TENSIÓN

Algunas personas notan tensión en la nuca y los hombros. O bien una mirada en el espejo revela tensión en una ceja enarcada, en una mandíbula apretada o en los labios tensos. Otras personas experimentan tensión interna en el estómago, en un corazón que late demasiado aprisa, en extremidades temblorosas o palmas de las manos sudorosas. La tensión también puede notarse en la mente cuando ésta se halla dispersa, acelerada o bien llena de pensamientos repetitivos. La tensión se manifiesta emocionalmente en forma de miedos, preocupaciones y una cierta ansiedad. Puede darse a nivel espiritual como una falta de sentido de la vida o de esperanza. Cada persona cuenta con su propia y única combinación de estos tipos de tensión.

Las respuestas fisiológicas iniciales que conducen a la tensión son útiles: se trata de la forma en que el cuerpo reacciona frente a una crisis. Cuando hacemos frente a una crisis, es normal actuar con rapidez y energía. Una vez superada la crisis, deberíamos aflojar la activación física y regresar a un estado más relajado. Cuando eso no sucede, la activación fisiológica se convierte en tensión crónica. Y la tensión crónica conlleva numerosos efectos negativos sobre el cuerpo.

El primero de ellos tiene que ver con la merma de energía. Hace falta energía para activar las respuestas protectoras del cuerpo. Cuando la activación persiste, el gasto de energía es cada vez mayor. La persona tensa se siente cada vez más fatigada y, finalmente, exhausta.

Otro efecto negativo de la tensión crónica es un aumento de las posibilidades de enfermar. La tensión en los músculos del cuello conduce finalmente a dolores de cabeza. La tensión en los músculos de la espalda se convierte en lumbalgia. Un estómago nervioso da lugar a una úlcera o un síndrome de irritación intestinal. Un corazón demasiado acelerado puede desembocar en hipertensión. Temores y preocupaciones dan lugar a ansiedad crónica. Una falta de sentido en la vida puede conducir a una depresión.

La tensión crónica también acelera el proceso de envejecimiento. Utilizamos nuestros recursos vitales con más rapidez y sin relajación no podemos volver a reponerlos. La tensión y el estrés debilitan el sistema inmunitario y con ello se incrementa la posibilidad de que pueda desarrollarse una enfermedad oportunista o un desorden inmunitario. La constante sobreactivación del corazón y del sistema nervioso puede provocar apoplejías, ataques al corazón y la muerte.

Pero los efectos de la tensión no son únicamente físicos. Las capacidades mentales también se ven afectadas por la tensión. La memoria es menos eficiente. La tensión bloquea nuestra capacidad de almacenar información. También crea un estado mental de percepción estrecha y desenfocada que limita nuestra experiencia del mundo. Cuando estamos tensos, ignoramos y perdemos información. No estamos abiertos a todo lo que puede verse y escucharse, a todos los matices y texturas que nos rodean.

Esta percepción excesivamente centrada y estrecha limita nuestra capacidad de resolver problemas. Fracasamos a la hora de percibir las múltiples causas y dimensiones de un problema. A menudo nuestra percepción es muy cerrada, lo que provoca una respuesta automática en lugar de poder dar un paso atrás para tener una visión de conjunto de la dimensión real de un problema y poder tomar en consideración la totalidad de las posibles soluciones.

La creatividad se ve inhibida por la tensión. La capacidad de des-

12

La tensión crea un estado mental estrecho de miras y demasiado concentrado en un punto, estado que limita nuestra experiencia del mundo.

cubrir nuevas posibilidades y combinaciones es la esencia de la creatividad. Una persona tensa y excesivamente centrada en algo no permanece abierta y por lo tanto no puede expresar su creatividad natural.

La tensión también incide negativamente sobre las relaciones. Cuando se está tenso, resulta difícil escuchar de verdad a la pareja, a un amigo o a un compañero de trabajo y comprender los sentimientos o pensamientos de los demás. Cuando se está tenso, se tiende a ser irritable e impaciente. Se habla desde el estado de tensión en lugar de relajarse en la auténtica comunicación del toma y daca. Y la tensión inhibe la excitación fisiológica que forma parte de la intimidad física.

En última instancia, la tensión tiene un efecto perjudicial sobre todas las dimensiones de nuestra vida. Malgasta la energía y nos agota. Provoca problemas de salud. La tensión disminuye la eficacia mental y limita la creatividad. Constriñe nuestras relaciones. La tensión destruye nuestra calidad de vida.

LA NATURALEZA DE LA RELAJACIÓN

El verbo «relajar» proviene del latín *relaxare*, que significa «aflojar». Esta palabra ha dado lugar a un cierto número de definiciones modernas como: experimentar una menor tensión y rigidez, liberar la tensión nerviosa, destensar y desactivar las fibras musculares y buscar descanso y recreación. La idea de destensar y desactivar las fibras musculares es la definición que más encaja con los primeros trabajos modernos que utilizaron la relajación como herramienta terapéutica.

En los años veinte, el doctor Edmund Jacobson desarrolló un sistema denominado «relajación progresiva», acerca del cual escribió: «Por
relajar cualquier músculo entendemos la total ausencia de toda contracción».[1] A la inversa, la tensión era la contracción de los músculos esqueléticos. Jacobson reconoció que era necesario tensar los músculos
para cualquier tipo de actividad física coordinada. Pero subrayó que era
igualmente importante saber cómo relajarlos del todo.

Jacobson consideraba la tensión como algo complejo y perjudicial en
potencia. Observó que los músculos se contraen siguiendo órdenes del cerebro. Si los músculos están tensos, entonces el cerebro está demasiado activo. La sobreactividad del cerebro provoca que órganos internos como el
corazón, el estómago y el colon funcionen a marchas forzadas. La sobreactividad crónica de dichos sistemas, demostró el doctor Jacobson, provoca toda una serie de problemas de salud, como puedan ser presión alta, al-
teraciones en el ritmo cardíaco, colon espástico y trastornos estomacales.
El doctor Jacobson creía que el ritmo febril y las presiones constantes de la
vida moderna conducen inevitablemente a un estado de tensión crónica.

Para remediar este problema, los practicantes del sistema de relajación
progresiva aprendían a tensar y relajar totalmente grupos específicos de
músculos. Jacobson observó que este sistema era progresivo de tres modos
distintos. En primer lugar, los practicantes iban liberando progresivamente
la tensión en un grupo de músculos determinado. En segundo lugar, pro-
gresaban de un grupo al siguiente. Finalmente, con la práctica continua, al-

---

1. Edmund Jacobson, *You Must Relax* (McGraw Hill, Nueva York, 1962), p. 64.

canzaban niveles cada vez más profundos de relajación, durante períodos cada vez más extensos.[2]

Jacobson destacaba que el sistema de relajación progresiva no tenía nada que ver con quedarse quieto. Descubrió que los practicantes que se sentaban tranquilamente y que incluso se dormían, seguían mostrando signos de tensión residual: ligeros movimientos en los músculos faciales, crispación o sacudidas en los dedos, actividad continua en la garganta y persistencia de pensamientos febriles y emociones negativas. El objetivo de la relajación progresiva era eliminar estos residuos de tensión y alcanzar un estado de relajación completa.

Los beneficiosos efectos de la relajación progresiva incluían el descanso de los músculos esqueléticos, un estado emocional tranquilo, mejora del funcionamiento de los órganos internos y más energía. Los practicantes aprendían a ser más conscientes de la tensión innecesaria durante las actividades cotidianas y también a liberarla.

Los trabajos de Jacobson en el campo de la relajación establecieron una definición científica de la misma, desarrollaron un método sistemático para lograr un estado de relajación y describieron sus efectos benéficos. Su programa de formación original duraba unos dieciocho meses. A lo largo de los años se han ido desarrollando un cierto número de formas abreviadas del sistema de relajación progresiva, que son utilizadas en la terapia conductista a fin de ayudar a las personas a superar miedos específicos.

2. Jacobson, *You Must Relax*, p. 94.

15

Los efectos beneficiosos de la relajación progresiva incluían descanso para los músculos esqueléticos, un estado de calma emocional, mejor funcionamiento de los órganos internos y mayor energía.

En los trabajos de Johannes Schultz y Wolfgang Luthe[3] puede hallarse otro enfoque sobre la naturaleza de la relajación. En los años treinta, estos médicos alemanes describieron el estado autogénico, en el que tenía lugar un cambio autoinducido hasta que se alcanzaba un estado de profunda relajación caracterizado por un cierto número de sensaciones específicas, incluyendo sensación de calidez y pesadez en brazos y piernas, un ritmo cardíaco regular, abdomen caliente, respiración lenta y regular, y frente fría.

Schultz y Luthe desarrollaron un método denominado «formación autogénica». Con este método, los practicantes repetían directrices mentales que describían esas sensaciones específicas, concentrándose en las sensaciones y creando el estado autogénico. Los practicantes debían decirse a sí mismos: «Mis brazos y piernas son pesados y están calientes», y concentrarse en sensaciones de calidez y pesadez en los miembros. Una vez que se establecían esas sensaciones, los practicantes repetían este proceso con cada una del resto de las sensaciones clave.

El estado autogénico, anunciaron Schultz y Luthe, movilizaba las capacidades regularizadoras y curativas del cerebro, por lo general en estado latente.[4] Los practicantes que creaban el estado autogénico de manera cotidiana observaban una reducción significativa en la tensión y la fatiga, menos dolores de cabeza y una mayor eficacia en el trabajo. Con la práctica continuada, obtenían una enorme liberación respecto a de-

3. J. H. Schultz y W. Luthe, *Autogenic Therapy*, vol. II (Grune and Straton, Nueva York, 1969), p. 1.
4. Schultz y Luthe, *Autogenic Therapy*, p. 1.

sórdenes inducidos por el estrés, como insomnio, estreñimiento, asma, ansiedad y fobias.

Schultz y Luthe creían que la formación autogénica inducía cambios específicos a la hora de controlar profundos mecanismos en el cerebro. El estado autogénico parecía ir más allá de la relajación muscular, para alcanzar una relajación completa de cuerpo y mente. Incluso desarrollaron frases para ser usadas en la curación de sistemas orgánicos específicos.

En los años setenta apareció otro enfoque sobre la naturaleza de la relajación, de la mano de los trabajos del doctor Herbert Benson, un profesor de la Escuela de Medicina de Harvard, quien creía que los humanos contaban con la capacidad para desarrollar una «respuesta de relajación»[5] única e integrada. Benson identificó cuatro elementos necesarios para inducir la respuesta de relajación: un entorno tranquilo, una posición cómoda, una actitud pasiva y la repetición mental de una palabra, tal como «uno».[6]

Benson descubrió que durante la respuesta de relajación tenían lugar cambios fisiológicos específicos. Entre ellos: la disminución en el consumo de oxígeno, disminución del ritmo cardíaco y respiratorio y una mayor proporción de ondas cerebrales alfa. Estos cambios representaban una disminución de la actividad del sistema nervioso simpático, la parte del sistema nervioso responsable de las respuestas automáticas e involunta-

El estado autogénico parecía ir más allá de la relajación muscular para alcanzar una relajación completa de cuerpo y mente.

17

---

5. Herbert Benson, *The Relaxation Response* (Morrow and Co., Nueva York, 1975), pp. 50-52.

6. Benson, *The Relaxation Response*, p. 19.

rias. Benson creía que la respuesta de relajación proporcionaba un descanso y una recuperación más profundos que los que pudieran darse durante el sueño o al sentarse tranquilamente.

Benson descubrió que la práctica regular de la respuesta de relajación conllevaba cierto número de beneficios de cara a la salud. Entre ellos estaba la reducción de la presión sanguínea y un ritmo cardíaco más tranquilo. Los pacientes de Benson desarrollaron menos síntomas de enfermedades, mejoraron su rendimiento en las tareas cotidianas y lograron sensaciones de satisfacción, paz y tranquilidad similares a las alcanzadas a través de la meditación o la contemplación espiritual.

Estas tres aproximaciones a la relajación —la relajación progresiva, la formación autogénica y la respuesta de relajación— cuentan con varias similitudes. Todas ellas describen un método autodirigido para lograr la relajación. Practicadas de manera regular, todas ellas resultan beneficiosas.

Pero también existen interesantes diferencias. En la relajación progresiva el énfasis radica en relajar los músculos, que a su vez influyen en el cerebro y en el resto de sistemas orgánicos. La formación autogénica se centra en relajar el sistema nervioso autónomo. La respuesta de relajación empieza proporcionando una concentración mental; los efectos se filtran hasta el sistema nervioso y los músculos. ¿Alguno de estos enfoques es correcto y el resto falsos? ¿O bien todos ellos describen aspectos diferentes de la relajación?

Tal vez la clave radica en considerar la relajación como una respuesta compleja con dimensiones distintas. En cada dimensión, o ni-

Tal vez la clave radica en considerar la relajación como una respuesta compleja con dimensiones distintas.

vel, la naturaleza de la tensión, el principio que gobierna la relajación y los métodos para conseguir la relajación son sutilmente diferentes. El desafío está en encontrarle el sentido a cada una de estas técnicas diferentes, en organizarlas y en seleccionar las mejores técnicas para cada persona.

Este libro está organizado en torno a cinco dimensiones diferentes de la relajación. Hay un capítulo dedicado a cada una de ellas, seguido de otro capítulo con técnicas que reducen la tensión a ese nivel. Eso permitirá que el lector comprenda su propio patrón de tensión y que seleccione las técnicas de relajación que puedan resultarle más beneficiosas.

LOS CINCO NIVELES DE RELAJACIÓN

El nivel muscular

En el nivel muscular, la tensión es mantenida por la contracción de los músculos esqueléticos. Experimentar tensión muscular es algo con lo que todo el mundo está familiarizado. Tras un día especialmente duro o una semana en la que se ha realizado mucho esfuerzo, todos sentimos los síntomas de la tensión muscular: dolor de cuello, rigidez alrededor de los hombros y la espalda y dolor de cabeza provocado por la tensión.

La relajación muscular libera los músculos de la rigidez y el agarrotamiento excesivos. El principio subyacente es hacer que los músculos se aflojen, se destensen y se suelten. Existen varios métodos para conseguir esa liberación, que aprenderemos en el tercer capítulo.

El nivel autónomo

La tensión al nivel del sistema nervioso autónomo es más complicada. Este sistema nervioso controla los órganos internos y regula el ritmo cardíaco, la presión sanguínea, la actividad digestiva y la respiración. El sistema nervioso autónomo está compuesto de dos ramas. La rama simpática aumenta la activación interna, mientras que la parasimpática reduce o inhibe esta activación. La activación simpática prepara al cuerpo para responder automáticamente; la parasimpática lleva al cuerpo hacia el descanso y la relajación. La tensión al nivel autónomo se da cuando existe o bien una activación prolongada o una inhibición prolongada.

Sentimos tensión autónoma en el interior de nuestro cuerpo. La activación de la rama simpática provoca síntomas como palpitaciones, respiración entrecortada, sudoración excesiva y manos frías y pegajosas. Los síntomas parasimpáticos incluyen energía baja, suspiros excesivos y digestión lenta.

El principio de relajación del sistema autónomo es el equilibrio: lograr un equilibrio dinámico entre la activación y la inhibición, de manera que la persona pueda sentirse en paz, tranquila y calmada. El estado autogénico descrito por Schultz y Luthe es la relajación autónoma. Las sensaciones de ritmo cardíaco regular, abdomen caliente, respiración regular y frente fría son características de la relajación autónoma. El capítulo 5 presenta técnicas prácticas para alcanzar la relajación autónoma.

El nivel emocional

La tensión puede tener un impacto dramático en su estado emocional. Las emociones negativas como el miedo, ansiedad, tristeza, cólera y disgusto, pueden llegar a dominar su perspectiva de la vida. Esas emociones negativas crónicas pueden conducir a estados de depresión y desamparo. Las emociones negativas crónicas son consideradas la causa subyacente de muchos problemas de salud.

La relajación emocional significa soltar las emociones negativas crónicas. Emociones fuertes como cólera y miedo son naturales y tiene un valor en cuanto a protección, pero se convierten en dañinas cuando siguen ahí durante demasiado tiempo. En el capítulo 7 aprenderá técnicas que le permitirán aprovechar la energía de las emociones negativas para a continuación soltarlas. También aprenderá cómo liberar los residuos de cólera y tristeza almacenados desde el pasado.

La relajación emocional también cuenta con un lado positivo y creativo. Cuando aflojamos nuestro control de las emociones negativas, empiezan a impregnar nuestra experiencia de vida otras emociones, como pueden ser la satisfacción, la felicidad y el gozo. Cuando se dispersan las emociones negativas, las emociones positivas, energéticas y vigorizantes que vienen a ocupar su lugar nos proporcionan la experiencia de la auténtica relajación emocional.

El nivel mental

La tensión al nivel mental tiene que ver con el patrón de pensamiento y la textura de las percepciones. Una mente tensa está dispersa, saltan-

21

Cuando aflojamos nuestro control de las emociones negativas, empiezan a impregnar nuestra experiencia de vida otras emociones, como pueden ser la satisfacción, la felicidad y el gozo.

do de pensamiento en pensamiento, y sin embargo atrapada en preocupaciones superficiales y pensamientos obsesivos. La percepción es restringida, de miras estrechas e inflexible.

Sentir la mente tensa es algo común. Podemos notar tensión mental al final de un largo día. Nuestra mente está acelerada y dispersa, preocupada con problemas y ansiedades. Cuando tratamos de dormir no hay manera de que la mente se cierre. Y ahí nos vemos, dando vueltas en la cama mientras nuestra mente galopa de pensamiento en pensamiento.

El principio de la relajación al nivel mental es una interesante combinación de concentración y apertura. La mente está centrada y sin embargo abierta. Muchas personas tienen una experiencia de relajación mental cuando se implican en un hobby como pintar, el bricolaje o la jardinería. Al estar agradablemente absortos en una actividad, se encuentran concentrados y no obstante abiertos a otras posibilidades. La relajación mental también puede experimentarse al dar largos paseos, al soltar nuestras preocupaciones y abrirnos a los sonidos y las imágenes que nos rodean. En el capítulo 9 se presentan técnicas efectivas para dirigir y relajar conscientemente la mente.

El nivel espiritual

La importancia de la espiritualidad en la relajación viene reflejada por el cada vez mayor uso de la oración y la meditación para alcanzar una relajación completa y profunda. De hecho, la tensión más sutil tiene lugar en el nivel espiritual. Esta tensión se caracteriza por una falta de contacto con lo sagrado, confusión acerca del sentido de la vida y por una ausencia de autoconocimiento. La tensión espiritual provoca sensación de alienación, aislamiento y vacío.

La tensión espiritual puede aliviarse cuando desarrollamos una visión de lo sagrado, cuando aprendemos a conocernos y a aceptarnos a nosotros mismos, cuando nos hacemos conscientes de nuestros potenciales interiores únicos y desarrollamos un sentido claro sobre el propósito de nuestra vida. La tensión espiritual se supera cuando comprendemos la naturaleza y la vida que nos rodean y empezamos a discernir las grandes pautas de las que forma parte nuestra propia vida.

El capítulo 11 explora unas cuantas aproximaciones a la relajación espiritual. Aprenderemos a utilizar esos enfoques para alcanzar una sensación de unidad, un sentimiento de totalidad en nuestro interior y un sentimiento de conexión con el mundo que nos rodea.

Interacciones

Los cinco niveles de relajación no están separados. Actúan de manera recíproca de muchas maneras. La tensión a un nivel creará tensión a otro nivel. Por ejemplo, la cólera crónica en el nivel emocional creará pensamientos de venganza, un estómago revuelto y tensión en las mandíbulas, que hará rechinar los dientes.

Pero estas interacciones entre los diversos niveles también pueden darse en un sentido positivo. Una profunda relajación muscular calmará el sistema nervioso, hará que disminuya el ritmo cardíaco y suavizará nuestra respiración, dando paso a una mente tranquila. De manera inversa, cuando nos concentramos y tranquilizamos la mente, respira-

La tensión espiritual provoca sensación de alienación, aislamiento y vacío.

23

mos con más facilidad, liberando tensiones en los músculos y sintiéndonos en paz.

Los cinco niveles de relajación se combinan para conformar una experiencia de relajación total e integrada: relajación total..., una capacidad y un potencial definidos para lograr una salud y un bienestar óptimos. Cuando podamos crear relajación en los cinco niveles de manera consciente, habremos alcanzado la relajación total.

Los cinco niveles de relajación.

TENSIÓN	RELAJACIÓN	
Falta de propósito, alienación, aislamiento	Sentido de lo sagrado, autoconocimiento, propósito en la vida	ESPIRITUAL
Mente dispersa, atascada y preocupada	Mente abierta, centrada y concentrada	MENTAL
Emociones negativas persistentes	Desprenderse de emociones negativas y aumento de emociones positivas	EMOCIONAL
Activación excesiva, inhibición excesiva	Equilibrio interior	AUTÓNOMA
Contracción muscular sostenida	Aflojar, estirar, soltar	MUSCULAR

CUALIDADES DE LA RELAJACIÓN

¿Qué cualidades propias de la relajación son comunes a los cinco niveles?

1. La relajación es una habilidad aprendida. Al igual que otras muchas habilidades, como mejor se aprende la relajación es a través de la instrucción adecuada, alcanzándose su dominio mediante la práctica persistente y atenta.

2. La relajación es una habilidad autodirigida de manera consciente. Muchas personas creen equivocadamente que si se sientan a ver la televisión, leer un libro o salen a cenar con los amigos, se están relajando de alguna manera, como si la relajación fuese el subproducto de alguna actividad placentera. Las actividades placenteras pueden producir algún grado de relajación, pero no el suficiente.

La esencia de una profunda y completa relajación es dirigir la atención hacia el interior, aplicar un método sistemático y crear conscientemente una relajación completa. Para llevar esto a cabo, necesitamos aprender el lenguaje interior de la relajación autodirigida. Al principio, todo ello puede representar un desafío, pero con el tiempo y la práctica, podemos llegar a ser expertos en dichas técnicas.

3. **La relajación implica la volición pasiva.** El término «volición pasiva» tiene su origen en el campo de la biorretroalimentación. Describe el proceso de tener la intención (volición) de cambiar un estado interior y lograrlo sin apegarse a ello. Para relajarnos, deberíamos empezar con una intención clara y permitir que la relajación sucediese sin forzarla.

Las técnicas de volición pasiva aparecen en claro contraste con el mundo externo, donde realizar más esfuerzo reporta mayores resultados. Si queremos que la sartén brille, debemos fregarla con esfuerzo. Si queremos ganar más dinero, debemos trabajar más. Creemos que cuanto mayor sea el esfuerzo mejores serán los resultados. Pero todo ese esfuerzo puede crear tensiones e impedir la relajación. La clave para relajarse es aprender a soltar.

4. **La relajación es de naturaleza individual.** No existe ni una sola técnica de relajación que funcione para todo el mundo. Las personas son únicas en su forma de expresar las tensiones y en la manera en que logran relajarse. Por lo general, se debería empezar en el nivel en el que se tienen más tensiones. Si se sufre de tensión muscular, hay que empezar con técnicas de relajación muscular. Si su sistema nervioso va acelerado, entonces empiece con las técnicas de relajación autónoma.

El estilo de aprendizaje y el temperamento también afectarán a su elección de las técnicas de relajación. Si tiene usted tendencia a aprender mediante la audición, puede preferir repetir y escuchar las instrucciones de relajación; si en cambio su tendencia es hacia lo visual, puede que responda mejor a imágenes, y si tiende a lo táctil, tal vez prefiera el movimiento y la sensación.

En cuanto al temperamento, algunas personas prefieren un enfoque emocional de la relajación, mientras que otros puede que se inclinen hacia el enfoque lógico y científico. Algunas personas se sienten más cómodas con técnicas directas y tangibles, mientras que otras sienten la relajación como una pauta que se va desarrollando. Algunas necesitan una técnica que cuente con una secuencia clara y un final, mientras que otras necesitan un proceso continuo. En última instancia, cada persona debe experimentar, sentir y escoger el enfoque que mejor le vaya.

5. Los efectos de la relajación son acumulativos y sistémicos. Los efectos de la relajación tienden a acumularse con el tiempo y afectan a cada vez más dimensiones del cuerpo, la mente y el espíritu.

Louise, una madre de dos hijos que acudían a la escuela primaria y que trabajaba continuamente, vino a verme porque sufría de frecuentes dolores de cabeza. También se sentía cansada, tenía dificultades para concentrarse y en varias ocasiones había padecido ataques de ansiedad. La enseñé una combinación de técnicas de relajación muscular y autónoma. Al principio le resultó difícil aprender a relajarse, pero al cabo de unas cuantas sesiones, fue capaz de experimentar un estado más relaja-

Los efectos de la relajación tienden a acumularse con el tiempo y afectan a cada vez más dimensiones del cuerpo, la mente y el espíritu.

do y sosegado. Reservó tiempo para practicar las técnicas de relajación en casa.

Al cabo de unas pocas semanas, Louise notó una disminución en la frecuencia e intensidad de sus dolores de cabeza. También se dio cuenta de que podía conciliar el sueño con mayor facilidad, de que dormía más profundamente y de que contaba con más energía durante el día. Al ir adquiriendo soltura, me explicó que la sensación de relajación permanecía en ella durante más tiempo. Se sentía menos irritable, más eficiente en su trabajo y tendía a preocuparse menos. Algunos meses después, se sintió encantada cuando su médico le comunicó que su tensión arterial había descendido.

Al cabo de seis meses de practicar relajación, Louise me informó de que podía relajarse profundamente con rapidez. También de que a lo largo del día realizaba pequeñas pausas para relajarse. Estaba más dispuesta a considerar sus sueños y aspiraciones. Al empezar a hacer las cosas que eran importantes para ella su vida empezó a cambiar de manera gradual. Entre esas prioridades realizadas figuraba la práctica diaria y continuada de la relajación.

Si analizamos el caso de Louise, discerniremos una clara progresión. En primer lugar, fue capaz de detener el ciclo de tensión cada vez mayor que le causaban los dolores de cabeza. Después desarrolló una conciencia de relajación en contraste con la tensión. Al continuar practicando la relajación, esta conciencia fue haciéndose más profunda y sus efectos empezaron a impregnar todos los sistemas de su cuerpo. Dormía mejor, contaba con más energía y su presión arterial era menor.

A continuación, los cambios empezaron a aparecer en los niveles mental y emocional, que es cuando Louise experimentó una mayor claridad mental y una tranquilidad en aumento. Desarrolló la capacidad de responder de manera más selectiva frente a situaciones estresantes. Pudo soltar la ansiedad y el conflicto. Ya no reaccionaba en exceso ante situaciones estresantes. Estos cambios le permitieron desarrollar una visión más clara sobre el sentido de su vida.

Este caso ilustra los efectos acumulativos y sistémicos de la práctica de la relajación. La relajación no es una intervención simple como tomarse una pastilla o pasar por el quirófano. La relajación requiere un cambio de perspectiva. La tensión no llega de sopetón, un buen día. Invertir el proceso por el que se ha adquirido la tensión requiere de tiempo y empeño.

EL PATRÓN PROPIO DE TENSIÓN

Antes de pasar al capítulo 2, echemos un vistazo a los efectos que la tensión puede tener en su vida. Repase esta lista de síntomas para descubrir el nivel o niveles en los que padece más tensión.

La relajación requiere un cambio de perspectiva.

28

NIVEL I. TENSIÓN MUSCULAR (capítulos 2 y 3)

Espasmos musculares   *Dolor de cabeza*

Dolor de cuello   *Mandíbula apretada*

Lumbalgia   *Bruxismo (rechinar los dientes)*

Hombros tirantes   *Tensión muscular*

Mala postura   *Tics nerviosos*

Calambres en las piernas   *Temblores*

NIVEL II. TENSIÓN EN EL SISTEMA NERVIOSO AUTÓNOMO (capítulos 4 y 5)

Indigestión   *Respiración poco profunda o rápida*

Colon irritable   *Migrañas*

Estreñimiento crónico   *Manos sudorosas*

Diarrea crónica   *Manos frías*

Presión alta   *Sudoración excesiva*

Palpitaciones

NIVEL III. TENSIÓN EMOCIONAL (capítulos 6 y 7)

Hostilidad   *Ansiedad*

Irritabilidad   *Explosión de mal genio*

Cólera   *Miedos*

Tristeza   *Depresión*

Lágrima fácil   *Frustración*

Abatimiento   *Fobias*

Desesperación

NIVEL IV. TENSIÓN MENTAL (capítulos 8 y 9)

Distracción	*Percepción limitada*
Concentración pobre	*Pensamientos febriles*
Pensamientos molestos	*Confusión*
Pensamiento obsesivo	*Inquietud*
Falta de memoria	*Indecisión*
Preocupación	*Memoria débil*

NIVEL V. TENSIÓN ESPIRITUAL (capítulos 10 y 11)

Falta de sentido	*Alienación*
Falta de inspiración	*Soledad*
Carencia de objetivos y dirección	*Cinismo*
Desconexión	*Carencia de sueños*
Depresión vaga	*Aburrimiento o tedio*

NIVEL VI. SÍNTOMAS GENERALES DE TENSIÓN

Dificultad para conciliar el sueño	*Bajo nivel de energía*
Sueño desasosegado	*Traspapelar documentos*
Dificultad para despertarse	*Desorganización*
Sueño excesivo	*Disminución de la productividad*
Consumo de cafeína	*Dilación*
Comidas nerviosas	*Trabajar constantemente*
Pérdida de apetito	*Pérdida/ganancia de peso*
Aumento de la ingestión de comida basura	*Propensión a los accidentes*
Fatiga	*Aumento de la conflictividad en las relaciones con los demás*

Capítulo dos

Tensión
muscular y
relajación

Mediante la acción coordinada de grupos de músculos podemos estar de pie, caminar y correr. Con la práctica podemos aprender a bailar, dar volteretas, saltar en el aire y caer en perfecto equilibrio. De niños luchamos para sostener un sonajero o una botella, pero al crecer, aprendemos a escribir, coser, dibujar e incluso a realizar operaciones de microcirugía. Podemos utilizar nuestros músculos para movernos con garbo por la vida, para trabajar, amar y crear obras de arte, y también para expresar nuestros sentimientos.

Todas esas actividades constructivas son llevadas a cabo cuando nuestro cerebro y nuestros músculos trabajan a la par, iniciándolas selectivamente y luego liberando la actividad muscular. Pero a menudo este trabajo en equipo del cerebro y los músculos se viene abajo. Los músculos permanecen activados, el cerebro continúa enviando órdenes para activar los músculos y a consecuencia de ello se crea un ciclo de tensión muscular. Nuestros movimientos se limitan, nuestra postura pierde equilibrio. Finalmente, esta tensión provoca dolores de cabeza, lumbalgia y dolor de cuello.

A fin de evitar esos problemas, necesitamos comprender cómo trabajan los músculos y qué podemos hacer para relajarlos. La palabra «músculo» proviene del latín *musculus*, que significa «ratón». Tal vez nuestros antepasados vieron una similitud entre la forma de ciertos músculos y la de un ratón. Ahora nosotros definimos «músculo» como un tejido fibroso que se contrae al ser estimulado y mueve los miembros, el tronco y los órganos internos.

En realidad, existen tres tipos de músculos. Los *músculos cardíacos* del corazón crean las contracciones rítmicas que bombean sangre a través del cuerpo. Los *músculos lisos* se encuentran en órganos internos como el estómago, los intestinos, el útero, los vasos sanguíneos y la vejiga. La contracción de esos músculos en el estómago e intestinos transporta la comida a través del sistema digestivo. Nuestra preocupación son los *músculos esqueléticos*, que conectan los huesos y las articulaciones y conforman entre el 40 % y el 50 % del peso corporal. Los músculos esqueléticos nos permiten estar de pie y movernos.

Los músculos alargados como los bíceps están conformados por numerosas fibras musculares. Los bíceps se estrechan en los extremos, formando fuertes tendones fibrosos que se sujetan a los huesos. El vientre carnoso del músculo está envuelto por una cubierta fibrosa que lo contiene y separa de los tejidos adyacentes. Los músculos son alimentados por los capilares, que suministran glucosa y oxígeno cuando los músculos se hallan en movimiento.

El aspecto funcional más importante de los músculos es la unidad motora. Éstos son un pequeño grupo de fibras musculares controladas por un único nervio, conocido como neurona motora. La neurona motora emerge desde la médula espinal y se ramifica en su extremo para entrar en contacto con diversas fibras musculares. La activación de una única neurona motora hace que esas fibras se contraigan. En el interior de uno de los músculos principales, como el bíceps, las unidades motoras se ponen en funcionamiento siguiendo un patrón sincronizado que

La neurona motora emerge desde la médula espinal y se ramifica en su extremo para entrar en contacto con diversas fibras musculares.

33

provoca una contracción suave. Cuando se requiere un esfuerzo mayor, se activan más unidades motoras.

La activación de las unidades motoras viene controlada por una parte del cerebro denominada corteza sensorial motora. Esta parte del cerebro orquesta movimientos complejos como el caminar, levantar pesos o agarrar cosas. Estos movimientos requieren coordinación y eficacia. De niños, experimentamos dificultades con esos movimientos coordinados. Pero según vamos creciendo, el cerebro y los músculos aprenden a trabajar juntos con facilidad. En el caso de los atletas, artistas y músicos, esta coordinación puede desarrollarse hasta alcanzar niveles asombrosos de habilidad.

La corteza sensorial motora no sólo envía señales motoras para activar los músculos, también recibe información sensorial proveniente de los músculos. Cuando un músculo se contrae, la información sobre la contracción es enviada de vuelta al cerebro. De igual manera, también se envía información cuando un músculo se cansa o se halla dolorido. Si cierra los ojos y tensa los músculos de su mano derecha, se percatará de los canales de comunicación existentes entre su cerebro y sus músculos.

Se crea tensión cuando se da una interrupción en la comunicación de este equipo de trabajo entre músculos y cerebro. Puede que exista una sobrecarga de señales desde el cerebro a los músculos contraídos y que el cerebro registre muy poca información sobre la contracción. La combinación de una contracción sostenida y una conciencia limitada crea un ciclo de tensión en aumento.

Si cierra los ojos y tensa los músculos de la mano derecha, se percatará de los canales de comunicación existentes entre su cerebro y sus músculos.

La relajación muscular se basa en la toma de conciencia de la cantidad de tensión existente en los músculos, junto con la capacidad para liberar la activación muscular innecesaria y excesiva. Estas dos capacidades —toma de conciencia y control directo— pueden utilizarse para romper el ciclo de tensión y devolver el equilibrio al sistema muscular. Pero antes de aprender técnicas específicas de relajación, necesitamos comprender las causas de la tensión muscular crónica.

PATRONES DE TENSIÓN

El uso constante y reiterado de ciertos músculos es una de las causas principales de tensión muscular. Esto sucede cuando repetimos una cierta postura o movimiento una y otra vez. Por ejemplo, muchas personas pasan largo tiempo sentadas, creando el hábito postural de inclinarse hacia adelante, flexionando la zona inferior de la espalda y la cervical, y estirando el cuello de manera exagerada.

Todo ese sentarse y flexionarse hacia adelante crea un desequilibrio específico y bastante común. A lo largo de meses y años, este patrón va acumulando tensión en el cuello y la espalda. Los músculos empiezan a adaptarse y encogerse, encerrándonos en un patrón de tensión. Sólo nos damos cuenta de que algo no funciona cuando la tensión alcanza un nivel que nos provoca dolor de cabeza palpitante o persistente dolor de espalda. Lo más seguro es que incluso entonces sigamos ignorando esta información y nos limitemos a tomar calmantes para ocultar los síntomas.

36

Existen otras muchas situaciones en las que el uso reiterado de los músculos provoca tensión. Algunas personas se pasan los días ante la pantalla de un ordenador. No sólo se inclinan hacia delante sino que a menudo tensan los músculos alrededor de los ojos para enfocar la pantalla. Teclear todo el día puede provocar pautas de tensión en manos y muñecas así como en el cuello y rostro. Muchos empleos en líneas de montaje implican patrones repetitivos de coger, levantar y llevar, algo que puede conducir a dolencias físicas cada vez más comunes, como tendinitis o síndrome del túnel carpiano.

En todas esas actividades nuestra conciencia está dirigida a la tarea que tenemos entre manos y alejada de nuestra postura. Estamos tan concentrados en la tarea que no registramos la información que nos llega acerca de la tensión en los músculos.

Usar demasiado los músculos es otra pauta de comportamiento que contribuye al desarrollo de la tensión crónica. Muchas personas se apresuran de la mañana a la noche. El día empieza con el discordante sonido del despertador. A continuación da comienzo una atropellada mañana, corriendo para ducharse y vestirse, dando prisa a los niños para que desayunen y tomen el autobús escolar, y saltando al coche para empezar la pelea con otras personas que se dirigen a sus empleos. A continuación viene un día atestado de trabajo, con todas sus prisas, reuniones, charlas, pensamientos y esfuerzos. Otra batalla en el tráfico como preámbulo para llegar a casa y afrontar los desafíos de la cena, los deberes y actividades de los niños, las reuniones de la comunidad, clases y proyectos caseros.

A lo largo de todo el día hemos estado quemando los músculos de forma inmisericorde. Cada confrontación, desafía o lucha causa un poco más de envaramiento en hombros, cuello, espalda y mandíbula. Así que no resulta extraño que acabemos derrumbándonos en la cama, que no podamos relajarnos ni conciliar el sueño. Hemos acumulado demasiada tensión a lo largo del día. Y aunque podamos llegar a conciliar el sueño, nuestra tensión residual es la causa de un sueño intranquilo e irregular. A la mañana siguiente nos levantamos cansados y empezamos el día con una acumulación de tensión con la que cargamos desde el día anterior.

Las emociones negativas profundas como el miedo y la cólera pueden llegar a provocar tensión muscular. Si nos sentimos asustados, nos encontraremos tanto paralizados por el miedo como dispuestos a echar a correr. Si sentimos rabia, ponemos los brazos tiesos, convertimos las manos en puños, apretamos las mandíbulas y estamos dispuestos a golpear e incluso morder. Con la ansiedad, estamos con los nervios de punta y los músculos tensos y temblorosos. Cuando sentimos disgusto, arrugamos la nariz y volvemos la cabeza. Cuando estamos tristes, fruncimos el ceño y apretamos los músculos alrededor de los ojos. Si experimentamos emociones fuertes durante el día, nuestros músculos están alerta y listos para pasar a la acción. Pero la mayor parte del tiempo nuestras emociones y el ímpetu de movimiento asociado no se expresan. Frente a un ataque de cólera que no se manifiesta forzamos una sonrisa. Damos una capa de barniz por encima de nuestro miedo, ansiedad y preocupación.

Las emociones negativas profundas como el miedo y la cólera pueden llegar a provocar tensión muscular.

Las emociones subyacentes y la activación muscular permanecen donde estaban y se convierten en tensión.

Esta tensión puede permanecer con nosotros durante mucho tiempo. Algunos psicoterapeutas mantienen que los traumas emocionales y los conflictos no resueltos de la niñez se encuentran incrustados en patrones de tensión muscular en un ciclo que se autoperpetúa. La persona que siente tristeza y soledad estira la cabeza y el torso hacia adelante como si quisiera alargarse para ser alimentado. Pero este lenguaje corporal disuade a los demás y hace que se echen atrás. Al sentirse todavía más triste y solitaria, la persona rechazada se inclina un poco más hacia adelante, reforzando el ciclo de tensión de base emocional.

En otras emociones se dan otros patrones de lenguaje corporal. Una persona dominada por el miedo provoca miedo en los demás. La persona que se aferra a la cólera provoca acciones defensivas y cólera. Una persona ansiosa y tensa pone nerviosos a los demás.

Estos patrones de tensión muscular no sólo condicionan nuestra experiencia emocional y mental, sino que crean filtros que afectan a nuestra percepción del mundo. Sólo una completa relajación muscular puede llevarnos más allá de esos circuitos derrotistas, a fin de experimentar la vida de una forma espontánea y directa.

LOS EFECTOS DE LA TENSIÓN MUSCULAR

Por lo general, cuando los músculos se relajan, aumenta el riego sanguíneo, las fibras musculares reciben nutrientes cruciales y son retirados los productos de desecho del metabolismo celular. Este proceso de nutrición y limpieza permite que los músculos se mantengan saludables y que funcionen con normalidad.

Cuando los músculos permanecen tensos, el proceso se trastorna. Las toxinas se acumulan en los músculos y las células musculares no reciben los nutrientes necesarios. Con el tiempo, el estado general de salud muscular se deteriora. El resultado es que los músculos no cuentan con una capacidad de respuesta como antes y que no pueden soportar el esfuerzo que se les pide en situaciones límite. Los músculos también son entonces más vulnerables frente al dolor, la rigidez y los espasmos.

Un segundo efecto de la tensión muscular es la limitación gradual de movimientos y flexibilidad. Cuando nuestros músculos están tensos nos movemos con menor libertad; una persona puede dar un paseo, pero los músculos de su cuello y hombros permanecen rígidos. Esos músculos tensos no se benefician del estiramiento y soltura que pudiera proporcionarle el paseo.

Los patrones de tensión muscular también interfieren en la eficacia de los movimientos corporales. Al andar, tenemos que superar la carga creada por la tensión en nuestras piernas, espalda y cuello. Cada acción incorpora un elemento de lucha cuando tenemos que trabajar con tensión. Esta lucha causa tensión en músculos adyacentes y ejerce una presión suplementaria sobre el corazón y otros órganos.

Por lo general, los músculos envían información sensorial de vuelta al cerebro sobre el nivel de tensión en los músculos, su localización espacial y cualquier sensación de incomodidad. Con la tensión crónica,

Cada acción incorpora un elemento de lucha cuando tenemos que trabajar con tensión.

perdemos la conciencia de esta información sensorial. Somos como la persona que vive junto a una autopista pero que ya no oye el ruido del tráfico. Sin embargo, el estruendo constante crea tensión de la misma manera que las señales continuas de tensión e incomodidad del sistema nervioso provocan todavía más estrés.

PRINCIPIOS DE LA RELAJACIÓN MUSCULAR

La dimensión más importante a la hora de aprender relajación muscular es restablecer la conciencia sobre los caminos de información y control que recorren los músculos, de manera que podamos aprender a reducir de manera selectiva la activación muscular. Sólo entonces podremos empezar a conseguir una relajación completa.

40

Alinee el cuerpo de manera que pueda imaginar una línea recta que parte de la frente... y finaliza entre los pies y los dedos de los pies.

Las técnicas de relajación muscular que se ofrecen en este libro están pensadas para desarrollar esta conciencia y control de manera sistemática. Una vez que haya conseguido dominar los pasos iniciales de relajación consciente autodirigida, podrá progresar hacia niveles más profundos de relajación.

PUNTOS BÁSICOS DE LA RELAJACIÓN

La mejor posición para relajarse es tenderse sobre la espalda en un suelo alfombrado o enmoquetado. Junte las piernas y coloque los brazos estirados junto al cuerpo. Alinee el cuerpo de manera que pueda imaginar una línea recta que parte de la frente, va por encima de la nariz, sigue por la barbilla, recorre el centro del pecho hasta el ombligo, continúa entre las rodillas y finaliza entre los pies y los dedos de los pies. A continuación separe las piernas de manera que cada rodilla se encuentre a entre quince y veinte centímetros de ese eje central. Luego, separe los brazos del cuerpo de manera que existan entre quince y veinte centímetros de separación entre el codo y el costado del cuerpo, con las palmas de las manos hacia arriba.

Esta postura recibe el nombre de *shavasana* en la tradición del hatha yoga. Shavasana significa «postura del cadáver», y la idea es que cuando practique esta postura de relajación, se despoje de su cuerpo tenso, rígido y estresado para renacer con un cuerpo relajado, fresco y renovado.

Tanto en shavasana como en cualquier otra postura utilizada en la relajación, lo más importante es sentirse cómodo y que no le cause ningún dolor. Puede que se sienta más cómodo colocando un pequeño cojín bajo la nuca o bajo las rodillas. Si tiene problemas locomotores que le impiden tenderse en el suelo, entonces puede utilizar una silla que sea cómoda. Tumbarse en una cama no acostumbra ser una buena idea porque la práctica de la relajación exige que nos mantengamos alerta y con control consciente.

¿Qué más puede necesitar? La primera cosa es una habitación tranquila en la que pueda estar libre, razonablemente, de toda interrupción. Como el estado de relajación tiende a hacer descender la temperatura

41

Cuándo practicar no es tan importante como hacerlo regularmente a diario.

42

corporal, puede que desee ponerse algo que le mantenga arropado. Lo mejor es llevar prendas sueltas y cómodas. Quítese el cinturón, el reloj, las gafas, las lentes de contacto o cualquier otro objeto que le apriete.

No hay una hora específica durante el día para practicar la relajación. La relajación a primera hora de la mañana puede ayudar a establecer un tono para el resto del día. La relajación a mediodía puede ayudar a restaurar un cierto sentido de calma y a prevenir la acumulación de tensión. La relajación después de trabajar es una manera ideal de acabar el día. Y una sesión de relajación antes de meterse en la cama puede ayudarle a prepararse para un sueño profundo y reparador. Trate de encontrar un hueco que encaje en su horario. Cuándo practicar no es tan importante como hacerlo regularmente a diario.

No todo el mundo se va a sentir cómodo de inmediato en la postura básica de relajación o en el proceso de relajación. Si está acostumbrado a niveles elevados de tensión, puede que al principio de la práctica de relajación sienta una cierta ansiedad. Si tiene ese tipo de respuesta, puede que se encuentre más cómodo adoptando la posición conocida como «postura del cocodrilo», en la que se estirará sobre el estómago, cruzará los brazos a la altura de la cabeza y descansará la frente sobre los brazos, separando los pies entre treinta y cuarenta y cinco centímetros. En esta postura se sentirá más protegido y a salvo.

Ahora ya está listo para aprender técnicas sistemáticas de relajación. Estas técnicas hacen hincapié en los principios de incrementar su conciencia interior y desarrollar el control consciente sobre los músculos.

Nivel I:
Técnicas de relajación
muscular

Existen dos tipos de técnicas de relajación muscular: *directas* e *indirectas*. Las técnicas directas están basadas en la disminución consciente y directa del nivel de activación de los músculos. Estas técnicas ayudan a desarrollar una conciencia precisa y a controlar la activación muscular. Este capítulo presenta cuatro técnicas directas. Con las técnicas indirectas, la relajación se da como derivación de alguna otra actividad. Una sesión de ejercicios fuertes que le deje cansado pero agradablemente relajado es un buen ejemplo de lo que significa el acceso indirecto a la relajación.

44

La técnica de relajación sistemática de tensar y soltar (RSTS) implica contraer y relajar, de manera selectiva, músculos a lo largo del cuerpo.

MÉTODOS DIRECTOS DE RELAJACIÓN

Relajación sistemática de tensar y soltar

La técnica de relajación sistemática de tensar y soltar (RSTS) implica contraer y relajar, de manera selectiva, músculos a lo largo del cuerpo. Para cada músculo se sigue un proceso específico. En primer lugar se contrae el músculo, creando una tensión apreciable en el mismo. Concéntrese en las sensaciones de tensión que hay en ese músculo. A continuación suelte gradualmente la tensión. Continúe soltando y aflojando el músculo hasta que esté más relajado que cuando empezó el ejercicio. Observe las sensaciones de relajación en ese músculo.

Al avanzar por los principales grupos de músculos del cuerpo, está usted creando un estado de relajación completa. Está aprendiendo a reconocer las sensaciones de tensión y relajación, y descubriendo cómo trabajar con los centros de control de su cerebro que activan y relajan los músculos.

Puede leer el procedimiento de la relajación sistemática de tensar y soltar que aparece a continuación, memorizarlo y luego seguir los pasos. O bien puede grabar dichos pasos en una casete y luego escucharla siguiendo las instrucciones.

El ritmo de la RSTS debe ser vigoroso a fin de que sea un proceso activo y consciente. Contraiga cada músculo durante cinco segundos y luego suelte de cinco a diez segundos. Al ir adquiriendo experiencia en la RSTS puede que le resulte más cómodo inspirar con la contracción y espirar con la descarga.

45

La práctica

- Adopte la postura de relajación de shavasana. Respire con suavidad varias veces y sienta que el suelo le sostiene.
- Dirija su atención a la mano derecha. Cierre el puño y mantenga la tensión, observando las sensaciones. A continuación suelte lentamente la tensión. Suelte y afloje los dedos. Siga soltando y fíjese en las sensaciones que tienen lugar mientras suelta los músculos.
- Estire la mano derecha levantándola en dirección a su antebrazo. Observe la tensión que existe en el dorso externo de su antebrazo,

Dirija su atención a la mano derecha. Cierre el puño y mantenga la tensión, observando las sensaciones.

manténgala y suéltela. Deje que esos músculos se suelten y alarguen bajo la piel. Observe las sensaciones.

- Doble la mano derecha hacia el interior de la muñeca. Observe la tensión en la parte interior del antebrazo, manténgala y luego suelte lentamente. Deje que los músculos se aflojen y alarguen. Observe la sensación de aflojar los músculos en su antebrazo derecho.

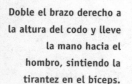

Doble el brazo derecho a la altura del codo y lleve la mano hacia el hombro, sintiendo la tirantez en el bíceps.

- Enderece el brazo derecho a la altura del codo y sienta la tensión en el tríceps, en los músculos bajo la parte superior del brazo. Mantenga y sienta la tensión. Ahora suelte lentamente.

- Doble el brazo derecho a la altura del codo y acerque la mano hacia el hombro, sintiendo la tirantez en el bíceps. Mantenga la tensión y luego suelte. Siga soltando. Observe las sensaciones que acompañan el aflojar y desactivar los músculos.

- Ahora convierta su mano izquierda en un puño, apriételo y sienta la tensión. A continuación suelte, libere y afloje los dedos. Deje que se abran y se destensen. Fíjese en las sensaciones.

- Ahora estire la mano izquierda hacia atrás, sienta la tensión en la parte superior del antebrazo. Manténgala y luego suelte. Siga soltando.

- Curve los dedos hacia delante, apretando los músculos de la parte inferior del antebrazo izquierdo. Sienta la tensión. Aflójela y observe la sensación de dejar destensar y ablandar esos músculos.

- Levante el brazo derecho a la altura del codo, tensando el tríceps izquierdo. Manténgalo así y luego suelte. Siga soltando. Sienta como se afloja el músculo.

- Doble el brazo izquierdo a la altura del codo, acerque la mano hacia el hombro, sintiendo la tirantez en el bíceps. Mantenga la tensión durante unos segundos y luego suelte. Deje que el brazo regrese a su posición inicial, apoyado en el suelo. Siga soltando.
- Ahora dirija su conciencia al pie derecho. Curve los dedos de ese pie hacia adelante. Sienta la tensión en el pie. A continuación suelte, afloje los dedos y deje que se destensen los músculos bajo la piel.
- Estire la punta del pie derecho en dirección contraria al cuerpo. Sea consciente de la tensión existente en los músculos a lo largo de la zona exterior de la caña de la pierna. Mantenga la tensión, observe la sensación y luego suelte y siga soltando. Observe la sensación de liberar la tensión.
- Estire el pie derecho en dirección al cuerpo y sienta la tensión en el músculo de la pantorrilla. Mantenga la tirantez, observe la sensación y luego suelte y siga soltando. Observe las sensaciones implícitas en aflojar y relajar.
- Enderece la pierna derecha desde la rodilla y sienta la tensión en los músculos cuádriceps de la parte exterior del muslo derecho. Mantenga la tensión, libérela y siga liberándola, destensando y ablandando los músculos de la parte superior de la pierna.
- Doble la rodilla derecha y levante la pierna hacia el cuerpo, con la rodilla situada encima del abdomen. Sienta la tirantez existente en el interior del muslo de la pierna derecha. Mantenga la tensión, a con-

Sienta la tensión en el pie. A continuación relájelo, afloje los dedos y deje que se destensen los músculos bajo la piel.

tinuación libérela y deje que la pierna recupere la posición original. Haga que los músculos sigan liberando la tensión.

- Ahora curve los dedos de los pies del pie izquierdo. Mantenga la tensión y sienta la activación de los músculos. A continuación suelte y sea consciente de cómo se destensan y ablandan los músculos.

- Estire la punta del pie izquierdo en dirección contraria al cuerpo. Sienta la tensión en los músculos a lo largo de la parte externa de la caña de la pierna izquierda. Libere la tensión y siga soltando.

- Estire el pie izquierdo en dirección al cuerpo y sienta la tensión en el músculo de la pantorrilla. Observe la sensación de tensión, luego libere la tensión. Afloje y destense el músculo de la pantorrilla. Observe las sensaciones que produce el liberar el músculo de la pantorrilla.

48

Doble la pierna izquierda por la rodilla, lleve ésta hacia el abdomen y sienta la tirantez en el interior del muslo.

- Enderece la pierna izquierda y sienta la tensión en el cuádriceps izquierdo. Manténgala y luego suelte. Siga soltando y observe las sensaciones al disminuir la actividad en dicho músculo.

- Doble la pierna izquierda por la rodilla y levante la rodilla por encima del abdomen, y sienta la tirantez existente en el interior del muslo. A continuación, libere la tirantez, deje que la pierna recupere la posición original. Continúe soltando la parte superior de la pierna.

- Ahora dirija su conciencia a los músculos del rostro. Levante las cejas y arrugue la frente. Observe las sensaciones de tirantez existentes en la frente. Manténgala y luego suelte. Repítalo dos veces. Libere totalmente la tensión en los músculos de la frente. Sienta cómo se ablanda la frente.

- Entorne la vista con los ojos cerrados. Sienta la tensión en los diminutos músculos existentes alrededor de los ojos. A continuación suelte y haga que esos músculos se aflojen bajo la piel. Repítalo dos veces. Siga soltando alrededor de los ojos. Observe la sensación mientras afloja todos los músculos alrededor de los ojos.

49

- Apriete los dientes y los músculos de la mandíbula. Sienta la tensión, manténgala, y luego libere y ablande los músculos de la mandíbula. Repítalo dos veces. Fíjese en la sensación asociada al ablandar cualquier tensión en los músculos de la mandíbula.

Observe las sensaciones que produce disminuir la actividad en los músculos faciales.

- Empuje los labios hacia la nariz. Mantenga la posición y luego libérela. Repítalo dos veces. Luego suelte los músculos que rodean los labios.

- Abra la boca tanto como pueda. Mantenga la tensión, y luego libérela. Repítalo dos veces. Luego suelte toda la parte baja del rostro y la mandíbula. Observe las sensaciones existentes al disminuir la actividad en los músculos faciales.

- Levante la cabeza del suelo unos cuantos centímetros, estirando los músculos de la parte frontal del cuello. Poco a poco gire la cabeza hacia la derecha, estirando los músculos de la parte derecha del cuello. Luego gire la cabeza a la izquierda, estirando los músculos del lado izquierdo del cuello. Vuelva a colocar la cabeza en el centro y deje que repose contra el suelo. Deje que todos los músculos del cuello se aflojen, destensen y ablanden bajo la piel. Repítalo dos veces.

- Tire de los hombros hacia delante y suéltelos. Ahora tire de ellos hacia la cabeza y suéltelos. Tire los hombros hacia atrás y luego suéltelos. Suelte la tensión de los hombros. Repítalo dos veces. A continuación, suelte completamente los hombros.
- Tense los músculos del abdomen. Mantenga la tensión y siéntala. Luego libérela, disminuyendo la actividad de los músculos abdominales. Observe la sensación de ablandar esos músculos.
- Tense la zona inferior de la espalda, aplastándola contra el suelo. Mantenga la tensión y luego libérela. Continúe soltando.
- Tense los glúteos. Mantenga la tensión y luego libérela.
- Respire varias veces, con naturalidad.
- Paso a paso, dirija su conciencia por todos los músculos que ha relajado y trate de soltar un poco más. Suelte cualquier residuo de tensión. Ablande y alargue los músculos de los pies, las pantorrillas, los muslos, la pelvis y cadera, del estómago, la zona inferior de la espalda, el pecho, las cervicales, los hombros, la zona superior de los brazos, los antebrazos, las manos, el cuello, los labios, la mandíbula, los ojos y la frente. Sea consciente mientras deja que se relajen los músculos de todo su cuerpo. Disfrute del estado de relajación y calma.
- Al cabo de unos minutos de disfrutar de esta tranquilidad, respire profundamente unas pocas veces y mueva los dedos de manos y pies,

y estírese con ganas, con los brazos por encima de su cabeza. Cuando se sienta a punto, regrese cómodamente a la posición sentada. Continúe con las actividades cotidianas, manteniendo la sensación de relajación.

Esta técnica resulta de gran utilidad para personas que sufren de dolor de cabeza producido por la tensión, insomnio o cualquier dolor muscular. La RSTS es una buena técnica para principiantes porque es activa y sistemática. La práctica diaria de este método puede significar un descenso de la ansiedad y el estrés.

Relajación diferencial

En la relajación diferencial se activan los músculos de un lado del cuerpo manteniendo los del otro sueltos y pasivos. Al concentrarse en la diferencia entre los músculos activos y pasivos, se puede ser más consciente de la diferencia entre tensión y relajación. Por ejemplo, al tensar los músculos del brazo derecho, se pone atención en el hecho de dejar los músculos del brazo izquierdo relajados.

Los términos clave de este método son «activo» y «pasivo». Cuando se activa un grupo de músculos, se mantiene el otro pasivo. Esto ayuda a sensibilizarse respecto a las sensaciones de tensión y relajación. Con la práctica, podrá ir refinando su habilidad para identificar los sistemas de control del cerebro que le permitirán activar o relajar músculos de manera selectiva en todo el cuerpo.

La relajación diferencial incrementa en grado sumo la conciencia

La relajación diferencial hace hincapié en aprender a ser consciente de la diferencia entre relajación y tensión.

51

52

interior y es una técnica de relajación muy efectiva. Recuerde mantener cada contracción entre cinco y diez segundos y soltar entre diez y veinte segundos.

Relajación guiada

La relajación guiada implica un cambio respecto al sistema de tensar y relajar músculos físicamente, para pasar a un enfoque más mental. Con esta técnica, dirigirá su atención a músculos específicos y dirigirá esos músculos hacia la relajación.

Esta técnica más sutil funciona mejor una vez se ha adquirido algo de experiencia con la relajación sistemática de tensar y soltar (RSTS) o con la relajación diferencial. Para ello deberá contar con un cierto conocimiento sobre dónde se encuentran los músculos, cómo se sienten cuando están tensos y cómo conseguir que se relajen. Tiene que ser capaz de mantener la atención en cada grupo muscular. Practicada correctamente, esta técnica puede llevarle a niveles profundos de relajación.

Al igual que con los otros métodos, también en este caso puede memorizar las instrucciones y utilizarlas, o bien grabarlas en una casete y escucharlas. Esta técnica puede utilizarse independientemente, o bien a continuación de la relajación sistemática de tensar y soltar o de la relajación diferencial. Deberá emplear entre diez y veinte segundos concentrándose en cada grupo de músculos, localizándolo, fijándose en cualquier tensión existente e indicando al músculo que se relaje.

La práctica

- Adopte la postura de relajación de shavasana. Respire profundamente varias veces, y luego deje que su respiración adquiera un ritmo pausado. Suelte y deje que el suelo lo sostenga.

- Dirija toda su atención al pie derecho. Observe cualquier tensión existente en la cara externa del pie, en la planta o en los dedos. Luego libérela, destensando y ablandando los músculos del pie.

- Ahora dirija su conciencia a la parte inferior de su pierna derecha. Observe cualquier tirantez o tensión en la pantorrilla o en la espinilla. Estudie esa tensión, luego libérela, soltando la parte inferior de la pierna.

- Lleve su atención a los músculos de la parte superior de la pierna derecha, a los cuádriceps de la cara externa de la pierna, a los músculos del muslo y a los músculos de la parte posterior de la pierna. Observe cualquier residuo de tensión en esos músculos. A continuación dirija a los músculos de la parte superior de la pierna para que aflojen y se alarguen. Fíjese en la sensación de esos músculos al pasar a un estado de pasividad.

- Ahora dirija su conciencia al pie izquierdo. Concéntrese en los músculos de los dedos, los que recorren la zona externa del pie y los de la planta. Compruebe la existencia de cualquier tensión en esos múscu-

Dirija toda su atención al pie derecho. Observe cualquier tensión existente en la parte superior del pie, en la planta o en los dedos.

los. A continuación ablándelos, guiándolos hacia un estado suelto y pasivo.

- Ponga su atención en la zona inferior de la pierna izquierda. En primer lugar, lleve la conciencia al músculo de la pantorrilla y luego a la espinilla. Observe la tirantez y la tensión existentes en esos músculos. Diríjalos para que aflojen y se destensen. Observe la sensación que provoca la relajación de los músculos.

- Traslade su conciencia a la parte superior de la pierna izquierda, al cuádriceps de encima de la pierna, a los músculos del muslo y a los de la parte posterior de la pierna. Observe cualquier tensión o tirantez existente en esos músculos. Guíe a los músculos de manera gradual para que se destensen y aflojen. Disminuya la actividad y sienta cómo sueltan.

- Ahora lleve la atención a los glúteos. Observe cualquier tensión o tirantez en esos músculos. A continuación haga que pasen a un estado pasivo. Observe la sensación de relajar esos músculos.

- Dirija su conciencia a la región pélvica. Observe las capas de músculos. Detecte cualquier nivel de tensión y luego libere la rigidez. Deje que los músculos se destensen.

- Ahora ponga toda su atención en la zona inferior de la espalda. Observe cualquier tensión existente en esa zona. Estudie la sensación creada por esa tensión. Luego, con cada espiración, suelte la zona inferior de la espalda. Ablande y afloje los músculos, ábralos. Fíjese en las sensaciones que acompañan la relajación de esos músculos.

54

Ponga toda su atención en la zona inferior de la espalda. Observe cualquier tensión existente en esa zona.

- Hágase consciente de los músculos existentes a lo largo de la columna vertebral desde la zona inferior de la espalda hasta el cuello. Sienta la tirantez en esos músculos. Ordene a los músculos que aflojen y se destensen. Ablándelos y observe la sensación de relajación a lo largo de su columna vertebral.

- Ponga la atención en los músculos que rodean los omóplatos. Sienta el grado de tirantez existente en esos músculos. Observe cómo siente la tirantez, las sensaciones de esa tensión. Mande a los músculos que se ablanden, destensen y aflojen. Observe el cambio experimentado por esos músculos al pasar a una condición más relajada.

- Ahora lleve su conciencia a los músculos abdominales. Observe la tensión que recorre el estómago. Libere la tensión con cada espiración. Sienta cómo esos músculos se ablandan y aflojan. Observe cómo todo su cuerpo se va relajando cada vez más al soltar en la zona del abdomen.

- Ahora concéntrese en los músculos del pecho, los músculos pectorales. Observe la tensión existente en esos músculos. Libere la tensión de esos músculos con cada espiración. Déjelos que se destensen y ablanden bajo la piel.

- Ahora lleve su conciencia a los hombros. Observe la tensión acumulada en los hombros. Sienta esa tensión. Suelte los hombros. Déjelos caer. Libere la tirantez de la parte delantera y trasera de los hombros. Deje que los músculos se destensen y ablanden. Sienta el cambio que tiene lugar en los hombros y en todo el cuerpo al liberar los hombros. Observe las sensaciones de la relajación.

Fije la atención en los músculos abdominales. Observe la tensión que recorre el estómago.

- Lleve su conciencia a la parte superior de su brazo derecho, al tríceps y al bíceps. Observe cualquier residuo de tensión existente en la zona superior del brazo y fíjese en las sensaciones asociadas con esa ligera tensión. Ahora haga que los músculos de la zona superior del brazo derecho se suelten, que se destensen y ablanden. Observe qué se siente cuando esos músculos de la zona superior del brazo derecho se han relajado.

- Traslade su atención al antebrazo derecho y observe los músculos situados en la parte exterior e interior del antebrazo. Compruebe la existencia de cualquier residuo de tensión en esos músculos. A continuación se suelte la tensión, libérela y afloje los músculos. Sea consciente de la sensación de relajación en su antebrazo.

- Ahora lleve su conciencia a la mano derecha y fíjese en los músculos situados en el dorso de la mano, en la palma y a lo largo de los dedos. Empiece a observar la tensión que persiste en los músculos de la mano derecha. Después afloje esos músculos, suelte, y libere cualquier tensión en la mano derecha y en los dedos. Observe el cambio operado en la mano derecha y en todo el cuerpo al liberar los músculos de la mano derecha y de los dedos.

- Dirija su conciencia a la parte superior del brazo izquierdo, al bíceps y tríceps. Examine esos músculos a fin de percibir la cantidad de tensión residual existente. Observe las sensaciones asociadas con esa tensión y vea cómo cambian esas sensaciones mientras conscientemente dirige los músculos para que se aflojen y ablanden. Suelte y destense los músculos de la parte superior del brazo izquierdo.

56

Sea consciente de la mano derecha y fíjese en los músculos situados en el dorso de la mano, en la palma y a lo largo de los dedos.

- Lleve su conciencia hacia el antebrazo izquierdo, a los músculos situados en la cara externa del brazo y en la zona interior del antebrazo. Estudie los músculos y fíjese en cualquier tensión que quede. Mande a esos músculos que se destensen y aflojen. Suelte.
- Conduzca su atención hasta su mano izquierda, a los músculos que cruzan la palma, el dorso de la mano y los dedos. Observe cualquier residuo sutil de tensión existente en la mano izquierda. Suelte. Haga que los músculos de la mano izquierda se aflojen, destensen y ablanden. Fíjese en el cambio sutil que tiene lugar en la conciencia mientras relaja por completo su mano izquierda.
- Dirija su atención a la parte posterior del cuello. Observe la tensión acumulada en ese lugar. Mande a esos músculos que aflojen y se ablanden. Suelte y sienta las sensaciones implícitas en relajar los músculos del cuello.
- Ahora lleve su conciencia hacia la nuca. Sea consciente de cualquier tensión que pudiera existir en la nuca. Mande a los músculos de esa zona que se ablanden y liberen. Fíjese en el cambio que tiene lugar al aflojar esos músculos.
- Lleve su conciencia a la frente. Sienta cualquier tirantez o tensión existente en la frente. Observe la tensión que implica esa tirantez. Afloje esos músculos, haga que la frente se ablande y sienta la libertad implícita en relajar los músculos de la frente. Sienta que sus preocupaciones van desapareciendo al ir ablandando la frente.
- Lleve su atención a los diminutos músculos que rodean los ojos.

57

Sienta cualquier tirantez que pueda existir en los músculos oculares. Poco a poco, vaya liberando la tensión alrededor de los ojos, ablande los músculos que rodean los ojos. Observe las sensaciones que vienen al relajar los músculos de los ojos.

- Conduzca su conciencia hacia los músculos de la mandíbula. Sienta la tirantez acumulada. Observe cómo siente la tensión. Luego libere cualquier tensión innecesaria, suelte la contracción, afloje los músculos. Observe la sensación de relajación en los músculos de la mandíbula.

- Dirija su conciencia a los músculos que rodean los labios y a los de la parte inferior del rostro, los músculos que se emplean al hacer una mueca de desaprobación. Observe cualquier patrón de contracción y tirantez. Sienta esa contracción. Luego libere la tensión, afloje los músculos, ablándelos. Sienta cómo toma forma una sonrisa sutil y natural al relajar los labios y la zona inferior del rostro.

- Ahora lleve su conciencia a la respiración. Respire con naturalidad. Examine todo su cuerpo en busca de cualquier residuo de tensión y libere cualquier contención. Deje que su conciencia descanse en su respiración durante un rato.

- Una vez que esté listo, deje que una sensación de actividad regrese de manera gradual a sus miembros. Respire profundamente unas cuantas veces y mueva los dedos de las manos y pies. Levante los brazos por encima de la cabeza y estírese con ganas. Siéntese cuando se sienta preparado y reanude sus actividades cotidianas, manteniendo una sensación de relajación y sosiego.

Sienta cómo toma forma una sonrisa sutil y natural al relajar los labios y la zona inferior del rostro.

Rotación de la conciencia

La rotación de la conciencia es la técnica de relajación muscular más sutil y directa. Sólo tiene que guiar a su conciencia a través de puntos específicos del cuerpo. Como la tensión en un músculo viene dada por la falta de conciencia, cuando lleva toda su conciencia a ese músculo, la relajación sucede de manera espontánea. No es necesario hacer nada, ni tensar ni soltar, sólo tendrá que conducir su atención a través de puntos específicos del cuerpo.

Levante los brazos por encima de la cabeza y estírese con ganas.

59

Esta técnica introduce el concepto de no-hacer o sin esfuerzo. En las tres técnicas anteriores, era necesario hacer algo a fin de relajarse. Pero hacer un esfuerzo para relajarse no deja de ser una paradoja. El esfuerzo en sí mismo crea un cierto grado de tensión. Con este método no existe esfuerzo, sólo el flujo sistemático de conciencia de una parte del cuerpo a otra. Este enfoque puede crea un estado de relajación muy profundo.

Para practicar esta técnica, piense en el nombre de una parte del cuerpo y concentre toda su conciencia en esa parte. Por ejemplo, podría pensar o decir interiormente: «dedo índice derecho», y llevar toda su conciencia al dedo índice derecho. Mantenga su conciencia en ese lugar durante unos cinco segundos y a continuación vaya al siguiente punto.

Al igual que los métodos descritos con anterioridad, también puede memorizar las instrucciones y luego seguirlas o bien grabarlas en una casete y escucharlas a continuación.

La práctica

- Adopte la postura de relajación de shavasana. Respire profundamente varias veces, y luego deje que su respiración adquiera un ritmo pausado y regular.

- Lleve su conciencia a la mano derecha. Ahora ocúpese del pulgar derecho, índice derecho, dedo corazón derecho, anular derecho, meñique derecho, palma derecha, dorso de la mano derecha, muñeca derecha, cara externa del antebrazo derecho, parte interna del antebrazo derecho, codo derecho, bíceps derecho, tríceps derecho, hombro derecho, axila derecha, parte derecha del torso, cintura derecha, cadera derecha, muslo derecho, rodilla derecha, pantorrilla derecha, espinilla derecha, tobillo derecho, talón derecho, suela del pie derecho, empeine del pie derecho, dedo gordo derecho, segundo dedo derecho, tercer dedo derecho, cuarto dedo derecho, dedo pequeño derecho.

- Ahora lleve su conciencia a la mano izquierda. Concentre su atención en el pulgar izquierdo, índice izquierdo, dedo corazón izquierdo, anular izquierdo y meñique izquierdo. Ahora lleve su conciencia a la palma izquierda, dorso de la mano izquierda, muñeca izquierda, cara externa del antebrazo izquierdo, parte interna del antebrazo izquierdo, codo izquierdo, bíceps izquierdo, tríceps izquierdo, hombro izquierdo, axila izquierda, parte izquierda del torso, cintura izquierda, cadera izquierda,

Sea consciente de la mano izquierda. Concentre la atención en el pulgar izquierdo, el índice izquierdo, el dedo corazón izquierdo, el anular izquierdo y el meñique izquierdo.

muslo izquierdo, rodilla izquierda, pantorrilla izquierda, espinilla izquierda, tobillo izquierdo. Dirija su conciencia al talón del pie izquierdo, a la suela del pie izquierdo, el empeine del pie izquierdo, al dedo gordo izquierdo, segundo dedo izquierdo, tercer dedo izquierdo, cuarto dedo izquierdo y dedo pequeño izquierdo.

- Ahora lleve su conciencia a la parte de atrás del cuello, al omóplato derecho, al omóplato izquierdo, a lo largo de la columna vertebral, la zona inferior de la espalda, el glúteo derecho y el glúteo izquierdo.

- Lleve su conciencia a la parte superior de la cabeza, a la frente, sien derecha, sien izquierda, ojo derecho, ojo izquierdo, el lugar entre las cejas, mejilla derecha, mejilla izquierda, mandíbula derecha, mandíbula izquierda, labios, barbilla, cuello, parte derecha del pecho, parte izquierda del pecho, parte derecha del abdomen, parte izquierda del abdomen, parte derecha de la pelvis, y parte izquierda de la pelvis.

- Lleve su atención a todo el brazo derecho; a todo el brazo izquierdo; a toda la pierna derecha; a toda la pierna izquierda; a ambas piernas; a toda la espalda, incluyendo la nuca, los omóplatos, la columna vertebral, la zona inferior de la espalda y los glúteos; y a toda la parte frontal del cuerpo, incluyendo el pecho, abdomen y pelvis. Luego lleve su conciencia a todo el cuerpo.

- Lleve su atención a la respiración. Respire con naturalidad y sin forzarse. Disfrute de la profunda y rejuvenecedora calma de la relajación. Cuando esté listo, empiece a mover lentamente y con suavidad los dedos de las manos y los pies, los brazos y las piernas; muévalos li-

Cuando nos vemos
expuestos a
situaciones de estrés a
lo largo del día,
activamos los músculos
de dos maneras básicas
y primitivas: para
luchar o para huir.

62

geramente. Coloque las manos y brazos por encima de la cabeza y estírese. Cuando se sienta listo, incorpórese y reanude las actividades cotidianas. Lleve consigo la profunda calma de la relajación.

TÉCNICAS INDIRECTAS DE RELAJACIÓN MUSCULAR

La tensión muscular puede considerarse como una actividad potencial atrapada en las fibras musculares. Cuando nos vemos expuestos a situaciones de estrés a lo largo del día, activamos los músculos de dos maneras básicas y primitivas: para luchar o para huir. Cuando estos deseos no son expresados, entonces se acumulan en forma de tensión muscular.

Una manera de liberar esa tensión es realizar ejercicios parecidos a luchar o huir. Ese tipo de ejercicios hace que esos deseos atrapados puedan ser expresados. Entonces podemos llegar a relajarnos por completo.

Los ejercicios de huida incluyen correr, caminar, nadar, ciclismo, esquí de fondo, patinaje sobre hielo, patinar sobre ruedas y en línea. Los ejercicios aeróbicos también podrían ser incluidos en esta categoría. Los ejercicios de tipo huida deberían realizarse de tres a siete veces a la semana para que fuesen realmente efectivos.

Tenga en cuenta que no hay que convertir estos ejercicios en un férreo régimen de entrenamiento, sino como un medio para reducir el estrés y expresar la tensión muscular atrapada. Conviértalos en una actividad placentera llevándolos a cabo al aire libre, en un bonito paisaje o en un entorno puertas adentro agradable. Un enfoque competitivo no haría más que añadir estrés y tensión.

Los ejercicios que expresan el deseo atrapado de luchar suelen implicar algunos elementos de lucha. La halterofilia es un ejemplo. El esfuerzo requerido para levantar pesos cada vez mayores ayuda a expresar la energía de lucha. Tampoco se trata de levantar pesos excesivos, sino de encontrar pesos que pongan a prueba su fuerza, que trabajen una serie de músculos y que expresen la tensión de lucha que no tiene salida.

Muchos esfuerzos de competición son expresiones de agresión socialmente aprobadas. El tenis, el squash, la pala e incluso el bádminton implican un claro elemento de lucha. Tras un buen partido, mucha gente se siente más relajada. Si se cultiva la actitud adecuada al practicar esos deportes —jugar duro, esforzarse pero disfrutando— aumentará el efecto de relajación.

Las artes marciales proporcionan otro enfoque a la hora de canalizar y expresar la energía de lucha. Las rutinas o *katas* del kárate, con sus puñetazos, patadas y bloqueos, proporcionan una expresión directa de agresión de forma disciplinada.

Los ejercicios de estiramiento son otra manera de alcanzar la relajación muscular. Estos ejercicios alivian de manera gradual y tranquila la tensión acumulada en los músculos. El hatha yoga es un sistema completo de posturas *(asanas)* diseñadas para estirar los músculos de todo el cuerpo.

La forma de practicar estas posturas es única. Hay que estirarse en una postura hasta que se empieza a experimentar tirantez y resistencia. Llegados a ese punto hay que respirar, relajarse y aflojar manteniendo la postura. Este enfoque suave de estiramientos libera patrones de contención y tensión, abriendo y destensando gradualmente los músculos tensos. Con su práctica regular, la persona más tiesa puede llegar a aflojar y ser más flexible.

Hay numerosos libros y vídeos que proporcionan instrucciones sobre el hatha yoga. Aprender las posturas básicas de yoga y practicarlas a diario puede ser una forma muy útil de disminuir la tensión muscular. Esta forma de ejercicio no acaba de ser bien comprendida por la cultura occidental, donde prevalece la creencia de que para que dé resultados practicar ejercicios debe ser algo riguroso e incluso doloroso. Con las posturas de hatha yoga, cuanta más concentración, cuidado y suavidad se emplea, mejores resultados se obtienen.

CONSEJOS PARA UNA BUENA PRÁCTICA

Hemos explorado unas cuantas técnicas para lograr la relajación muscular. Cualquiera de las técnicas de relajación directa debe practicarse al menos una vez al día, dos si fuera posible. Los ejercicios activos pueden practicarse de tres a cinco veces a la semana. Los ejercicios de estiramiento deben realizarse de cinco a siete veces a la semana.

Aunque la relajación muscular equilibra el sistema nervioso, tranquiliza la mente, crea serenidad emocional y proporciona un mayor sentido de claridad y propósito en la vida, existen otros métodos de relajación que están dirigidos a esos niveles de manera más directa. En los dos capítulos siguientes exploraremos la naturaleza del sistema nervioso autónomo y aprenderemos técnicas de relajación para este nivel.

Capítulo cuatro

Tensión
en el sistema nervioso
autónomo

Todos hemos experimentado la sensación interna de estrés, de tensión nerviosa. En un momento de peligro o en una situación en la que hemos actuado bajo presión, todos hemos sentido palpitar al corazón, hemos respirado superficialmente mediante jadeos, hemos tenido la boca seca, las manos frías y pegajosas, hemos padecido sudor nervioso, nudos en el estómago y hemos hablado con voz temblorosa.

Todos esos intensos e involuntarios cambios físicos son controlados por el sistema nervioso autónomo. El término «autónomo» describe la naturaleza autónoma de esta activación. No tenemos que decidir incrementar el ritmo cardíaco, cerrar nuestro proceso de digestión, constreñir los vasos sanguíneos de las manos o respirar con rapidez. En un instante, todos esos sistemas orgánicos responden para respaldar una respuesta de lucha o de huida.

Una vez pasado el peligro, esta movilización interior de nuestro sistema nervioso debería calmarse. Pero muy a menudo esta respuesta interior se mantiene activa. El corazón sigue latiendo con rapidez, la presión sanguínea aumenta y los componentes químicos de la tensión nerviosa fluyen por la corriente sanguínea. El estrés autónomo crónico resultante puede ser perjudicial y resultar letal.

Podemos llegar a sentir que no tenemos forma de controlar ni regular esta respuesta nerviosa interior. Por ello recurrimos a métodos mecánicos para reducir la tensión autónoma y sus efectos. Tomamos tranquilizantes para calmar nuestros nervios. Nos medicamos para reducir la tensión sanguínea y reducir los latidos del corazón. Tomamos una copa para ayudarnos a relajarnos. Tragamos antiácidos para la indigestión. Estos remedios proporcionan un alivio temporal, pero no abordan el problema subyacente de la tensión autónoma crónica.

La relajación autodirigida del sistema nervioso autónomo (SNA) es algo que resulta posible. Pero los métodos son cualitativamente diferentes de los empleados en la relajación muscular. Con los músculos usábamos el sistema nervioso voluntario y empleábamos órdenes para que se mantuviesen activos o pasivos. La relajación al nivel autónomo requiere la adopción de nuevas técnicas. Necesitamos aprender a acceder a los caminos más indirectos que controlan el SNA. Necesitamos aprender a calmar los latidos del corazón, regular la respiración y calmar la turbulencia autónoma interior.

Los beneficios inherentes son tremendos. Mediante una relajación autónoma efectiva podemos reducir de manera significativa el estrés en nuestro corazón, sistema digestivo y sistema endocrino, y mejorar el funcionamiento de nuestro sistema inmunitario. Tendremos más energía y vitalidad. Cuando tenemos mayor control sobre nuestro cuerpo también tenemos más control sobre nuestra vida.

EL SISTEMA NERVIOSO AUTÓNOMO

El sistema nervioso autónomo tiene dos ramales: el simpático y el parasimpático. El simpático activa el cuerpo para luchar o huir. El parasimpático sitúa al cuerpo en el estado indicado para el descanso y los quehaceres domésticos.

Los nervios del ramal simpático dejan la médula espinal en varios

67

Mediante una relajación autónoma efectiva podemos reducir de manera significativa el estrés en nuestro corazón, sistema digestivo y sistema endocrino, y mejorar el funcionamiento del sistema inmunitario.

Figura 1

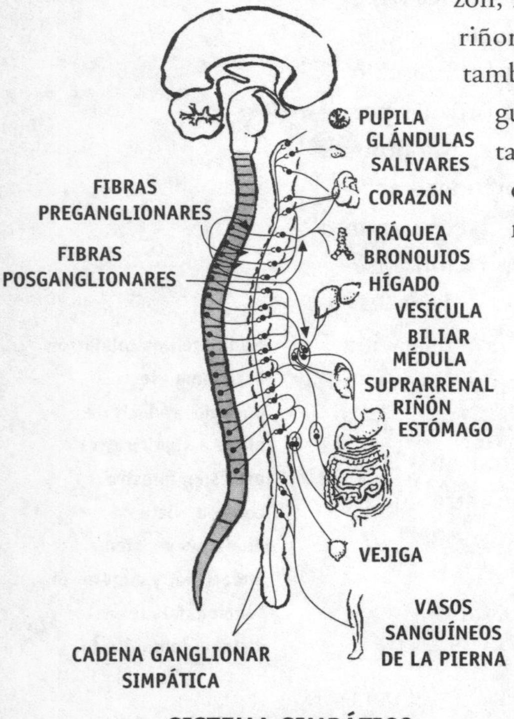

FIBRAS
PREGANGLIONARES

FIBRAS
POSGANGLIONARES

PUPILA
GLÁNDULAS
SALIVARES
CORAZÓN
TRÁQUEA
BRONQUIOS
HÍGADO
VESÍCULA
BILIAR
MÉDULA
SUPRARRENAL
RIÑÓN
ESTÓMAGO

VEJIGA

VASOS
SANGUÍNEOS
DE LA PIERNA

CADENA GANGLIONAR
SIMPÁTICA

SISTEMA SIMPÁTICO

lugares, partiendo desde el cuello hasta la zona inferior de la espalda, como puede apreciarse en la figura 1. Estas fibras llegan hasta el corazón, los bronquios, el estómago, la glándula suprarrenal, los riñones, el intestino y el esfínter anal. Los nervios simpáticos también llegan a las glándulas sudoríparas y a los vasos sanguíneos de la periferia del cuerpo. Los nervios simpáticos también afectan a los músculos piloerectores, que hacen que se erice el vello de los brazos y de la nuca cuando tenemos miedo o sentimos cólera.

El ramal simpático está diseñado para activar instantáneamente la respuesta de luchar o huir. Durante la activación simpática, el ritmo cardíaco y el metabolismo del corazón aumentan para preparar al cuerpo para la acción. Los vasos sanguíneos de manos, pies y piel se constriñen, expulsando sangre desde la periferia. Se supone que eso significaría menor pérdida de sangre en caso de herida.

La activación simpática también dirige los recursos corporales lejos del proceso digestivo. La sangre es expulsada de los órganos digestivos y el movimiento peristáltico disminuye en los intestinos.

En los pulmones, la activación simpática dilata los bronquios y constriñe los vasos sanguíneos. Aumenta el ritmo respiratorio, proporcionando más oxígeno al cuerpo. El metabolismo basal aumenta y se libera más glucosa en la corriente sanguínea. También aumenta el metabolismo en los músculos. La activación simpática estimula la glándula suprarrenal para que segregue neurotransmisores y hormonas a fin de reforzar la respuesta de lucha o huida.

También se dan cambios sensoriales y cognitivos a causa de la activación simpática. La pupila del ojo se dilata para mejorar el rastreo visual. Aumenta la alerta mental para ayudar a explorar el entorno.

La activación simpática es una respuesta al peligro muy bien organizada y efectiva. No obstante, si se la usa en demasía, esta activación puede causar serios problemas de salud, provocar tensión nerviosa en el corazón, trastornar la digestión y consumir la energía.

El ramal parasimpático del sistema nervioso autónomo está organizado de diferente manera. Las neuronas emergen del tallo cerebral y de la zona sacra de la médula espinal. Tal como muestra la figura 2, el ramal parasimpático afecta a muchos de los mismos órganos que el ramal simpático, pero el sistema parasimpático crea un estado interno muy diferente, por el que el cuerpo se dedica a alimentarse, descansar, reconstruirse y sanarse. En este estado, las prioridades son recuperarse y reponerse.

La activación parasimpática aminora el ritmo cardía-

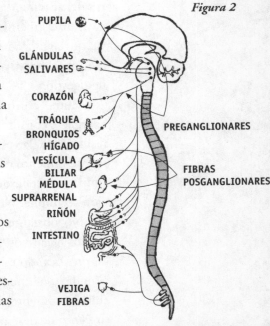

Figura 2

PUPILA
GLÁNDULAS SALIVARES
CORAZÓN
TRÁQUEA
BRONQUIOS
HÍGADO
VESÍCULA BILIAR
MÉDULA SUPRARRENAL
RIÑÓN
INTESTINO
VEJIGA
FIBRAS

PREGANGLIONARES

FIBRAS POSGANGLIONARES

SISTEMA PARASIMPÁTICO

La estimulación parasimpática lleva el corazón y los pulmones a una condición más eficaz y reposada.

70

co y disminuye la fuerza de las contracciones cardíacas. La presión sanguínea disminuye. Los bronquios se constriñen y los vasos sanguíneos de los pulmones se dilatan. La estimulación parasimpática coloca al corazón y los pulmones en una condición más eficaz y reposada.

La activación parasimpática ayuda a la digestión. Aumenta el movimiento peristáltico de la función gastrointestinal, se abren los esfínteres del sistema digestivo y hay un mayor flujo de sangre hacia la zona gastrointestinal. La activación parasimpática activa la secreción de saliva, que ayuda a iniciar el proceso digestivo en la boca y estimula las secreciones digestivas en el estómago. Todo ello ayuda a una más eficiente digestión.

Como el ritmo metabólico permanece estable, los suministros de energía se consumen más lentamente. Estimuladas por la activación parasimpática, la vesícula biliar, el hígado y la vejiga, realizan sus tareas de mantenimiento con mayor eficiencia. Mentalmente, la activación parasimpática está asociada con un estado relajado y satisfecho. La percepción se amplía. Nos sentimos en calma.

No obstante, una activación parasimpática excesiva puede tener efectos negativos. La digestión puede llevarse a cabo demasiado deprisa, provocando movimientos intestinales frecuentes y una pobre absorción de los alimentos. Los ataques de asma pueden aumentar. Mental y emocionalmente, podemos experimentar letargo, llanto y un cierto sentimiento de desesperanza.

PATRONES DE TENSIÓN AUTÓNOMA

Para entender la tensión autónoma, necesitamos tener en cuenta que el sistema nervioso autónomo cuenta con dos principios de activación e inhibición que se influyen mutuamente. Activamos nuestros recursos para habérnoslas con una amenaza; cuando ésta pasa, reducimos la velocidad para reponer nuestros recursos. Activación e inhibición trabajan en equilibrio para hacernos eficaces y mantenernos saludables.

ACTIVACIÓN AUTÓNOMA

LA ACTIVACIÓN SIMPÁTICA	LA INHIBICIÓN PARASIMPÁTICA
ESTIMULA:	**ESTIMULA:**
Ritmo cardíaco	Peristaltismo
Fuerza de la contracción del corazón	Constricción bronquial
Presión arterial, sudación	
Transpiración, glucogenólisis	
Metabolismo, hormonas de la adrenalina	
Vasoconstricción periférica	
Actividad mental	
Dilatación del iris, broncodilatación	
DISMINUYE:	**DISMINUYE:**
Peristaltismo	Ritmo cardíaco
Secreción renal	Fuerza de la contracción del corazón
	Presión arterial, sudoración

La tensión autónoma tiene lugar cuando perdemos ese equilibrio en el interior del SNA. Por ello podemos llegar a sentir excesiva activación simpática, excesiva activación parasimpática, o una errática fluctuación entre activaciones simpática y parasimpática extremas.

El tipo más común de tensión autónoma es la activación simpática excesiva. Éste es un patrón asociado con desórdenes de orden nervioso tan destructivos como enfermedades del corazón, tensión alta, insomnio, fatiga, estreñimiento y problemas digestivos. Las personas atrapadas en este patrón activan constantemente la respuesta de luchar o huir, pero rara vez regresan a un equilibrio autónomo.

Una razón para una activación simpática excesiva es que el SNA parece haber sido diseñado para tratar con situaciones amenazadoras poco frecuentes. El resto del tiempo, la activación parasimpática se encarga de todo. Ésa puede haber sido una buena pauta para nuestros antepasados cazadores y recolectores, que tenían que responder instantánea e intensamente cuando el peligro se presentaba. El SNA funcionaba de maravilla para hacer frente a estas necesidades.

Pero el ritmo de la vida moderna es muy diferente. En lugar de ocasionales peligros para la vida, experimentamos la vida como un ataque constante por parte de estresantes menores. El SNA se enciende durante el trayecto matinal de casa al trabajo y permanece activo durante todo el día. Los intervalos naturales de calma y tranquilidad en nuestro entorno parecen haberse evaporado casi por completo. Nunca parece que haya tiempo para restaurar el equilibrio del SNA. Así que experimentamos la vida de una manera que desencadena una constante respuesta de baja intensidad de lucha o huida.

Otra de las causas de la excesiva activación simpática está arraigada

Experimentamos la vida de una manera que desencadena una constante respuesta de baja intensidad de lucha o huida.

en la estrecha relación existente entre el SNA y nuestra percepción. Cualquier estímulo nuevo o inusual en nuestro entorno atrae nuestra atención. Si percibimos una amenaza, inmediatamente experimentamos una reacción emocional como pueda ser el miedo, que a su vez dispara una respuesta autónoma a través de una parte del cerebro denominada sistema límbico.

El sistema límbico es una estructura cerebral que compartimos con todos los vertebrados. Aves, serpientes, perros y gatos cuentan con el sistema límbico que les permite percibir rápidamente una amenaza y activar al instante la respuesta de lucha o huida. Una vez que se forma una reacción emocional en el sistema límbico, tendrá como resultado una respuesta automática. Cuanto más intensa la reacción, mayor será la respuesta del SNA.

Este sistema funciona bien cuando el organismo trata con un entorno bien definido. Cuando las amenazas y no amenazas pueden distinguirse con facilidad, el sistema límbico y la posterior respuesta de lucha o huida funcionan muy bien. Pero para los humanos modernos, la percepción de lo que significa amenaza o peligro ya no es un asunto sencillo. Y si no evaluamos los acontecimientos de manera conveniente, activamos el sistema nervioso autónomo de forma innecesaria.

Reaccionar exageradamente frente a los acontecimientos es causa frecuente de activación simpática excesiva. Nos vemos atrapados en el tráfico, lo evaluamos como un desastre y entonces sentimos que aumenta nuestra presión arterial y se nos revuelve el estómago. Enfrenta-

73

Para los humanos modernos, la percepción de lo que significa amenaza o peligro ya no es un asunto sencillo.

dos a trabajos con plazos de entrega, los catalogamos como una emergencia, entonces nos damos cuenta de que el corazón nos palpita acelerado y que la respiración se constriñe. Son innumerables los episodios cotidianos que nos hacer reaccionar de manera exagerada y que tienen como resultado una sobreactivación del SNA.

El segundo tipo de desequilibrio autónomo es la activación parasimpática excesiva. Algo que sucede cuando existe demasiada inhibición. Este patrón puede resultar igualmente destructivo.

Este patrón de tensión autónoma ha sido denominada la «respuesta zarigüeya». Es la respuesta inversa a la respuesta de lucha o huida. Enfrentada a una amenaza, la zarigüeya ni lucha ni huye, sino que «apaga» y se hace la muerta. Frente a un estrés arrollador, los humanos pueden llegar a manifestar una respuesta similar.

Existen ciertos patrones mentales asociados con esta respuesta zarigüeya. Es posible que usted llegue a sentir desesperación y desconsuelo. Que no vea solución posible. Que se sienta atrapado. Cuando se presentan esos pensamientos y sensaciones, la excesiva respuesta parasimpática asociada puede provocar síntomas como carencia de energía, respiración restringida, diarrea e incluso muerte súbita.

El tercer patrón de desequilibrio autónomo tiene lugar cuando fluctuamos entre activaciones excesivamente simpáticas y parasimpáticas. En un momento podemos sentirnos llenos de energía y dispuestos a plantar cara y en el instante siguiente llegar a vernos indefensos y bloqueados.

Este estrés autónomo combinado es muy perjudicial. Permite la presencia de los efectos destructivos de ambos tipos de tensión sin los beneficios de la provechosa activación del SNA. En este caso no hay renovación ni mantenimiento. No se da una activación efectiva para tratar con problemas reales.

Dado el ritmo y las demandas de la vida moderna, resulta bastante fácil desarrollar estrés autónomo. A fin de contrarrestar esta situación, necesitamos aprender a reequilibrar el sistema nervioso autónomo. No nos podemos quedar esperando a vivir una existencia tranquila, sino que necesitamos crear relajación en el nivel autónomo.

75

PRINCIPIOS DE LA RELAJACIÓN AUTÓNOMA

El sistema nervioso autónomo es un sistema involuntario. ¿Cómo podemos controlarlo conscientemente? ¿Cómo podemos aprender a dirigir la actividad de los órganos internos?

Todo ello es posible si tenemos en cuenta los canales normales mediante los que el cerebro controla la respuesta autónoma. Como nuestros pensamientos y emociones suelen iniciar una respuesta del SNA, podemos aprender a utilizarlos para regular el mismo. Podemos aprender a utilizar patrones de pensamiento específicos, imágenes y sensaciones para enfriar o calentar el SNA.

Muchas de las técnicas de relajación autónoma que aparecerán en el siguiente capítulo incluyen una combinación de directrices mentales y sensaciones específicas. Pero también existe un camino físico directo para lograr el equilibrio autónomo.

Podemos aprender a utilizar patrones de pensamiento específicos, imágenes y sensaciones para enfriar o calentar el SNA.

Hay cuatro dimensiones
muy claras de la
respiración que afectan a
la activación del SNA:
inspiración y espiración,
ritmo, respiración
torácica en oposición a
respiración diafragmática
y, finalmente, suavidad.

76

RESPIRAR: PUERTA DE ACCESO
A LA REGULACIÓN AUTÓNOMA

Respirar es la única respuesta física que forma parte de una activación del SNA y que también puede controlarse de manera voluntaria. Incluso existe una influencia recíproca: si empezamos a respirar rápida y superficialmente, estimularemos la activación simpática. Respirar de forma lenta y regular estimula la activación parasimpática. En consecuencia, podemos utilizar nuestra pauta respiratoria para alcanzar el equilibrio autónomo.

Hay cuatro dimensiones muy claras de la respiración que afectan a la activación del SNA: inspiración y espiración, ritmo, respiración torácica en oposición a respiración diafragmática y, finalmente, suavidad.

La inspiración está asociada con la activación simpática. Cuando nos preparamos para luchar o huir, lo primero que hacemos es inspirar profundamente. En las siguientes respiraciones inspiramos con fuerza. A fin de obtener combustible a la hora de luchar o huir, respiramos tanto oxígeno como nos es posible.

La espiración, por otra parte, está asociada con la activación parasimpática. Cuando el peligro ha pasado y nos sentimos a salvo, a menudo liberamos tensión mediante un largo suspiro. Continuamos espirando con fuerza a fin de limpiar el cuerpo de dióxido de carbono y restaurar el equilibrio autónomo.

Los patrones de respiración habituales están vinculados a la tensión autónoma. La persona encerrada en una modalidad de lucha o huida en que se va cociendo a fuego lento es probable que inspire con rapidez, de veinte a treinta veces por minuto. La persona bloqueada en una respuesta de zarigüeya respirará de manera superficial, con largas espiraciones, y vivirá una vida carente de creatividad. En un estado relajado la respiración disminuirá hasta alcanzar un ritmo cómodo y regular de seis a doce respiraciones por minuto.

También varía la forma de respirar. Durante una respuesta de lucha o huida, es típica la respiración torácica o pectoral. Eso significa que la caja torácica se expande con cada inspiración y se contrae con cada espiración. Este tipo de respiración puede mover mucha cantidad de aire hacia dentro y fuera de los pulmones en poco tiempo, proporcionando energía para reaccionar con rapidez. Pero la respiración torácica consume mucha energía y produce un movimiento en los pulmones que mantiene e incluso aumenta la activación simpática.

ESPIRAR

La respiración diafragmática está asociada con la respuesta de relajación. En este tipo de respiración, el abdomen se mueve hacia fuera al inspirar y hacia dentro al espirar. El diafragma, un músculo bajo los pulmones, se mueve hacia arriba con los pulmones, forzando al aire a salir de éstos. Con la inspiración, el diafragma se contrae hacia abajo, expandiendo los pulmones y permitiendo que el aire entre.

La respiración diafragmática es muy eficaz y por sí misma puede inducir un estado de calma, produciendo un movimiento en los pulmones que estimula la activación parasimpática. La respiración diafragmática ayuda a lograr y mantener una respuesta de relajación.

INSPIRAR

La respiración diafragmática es muy eficaz y por sí misma puede inducir un estado de calma.

La respiración suave y tranquila es otra dimensión que vale la pena tener en cuenta. Con la activación simpática solemos jadear en busca de aire. Podemos llegar a contener la respiración al final de la inspiración. Con una excesiva activación parasimpática podemos realizar largas e irregulares espiraciones con pausas al final. Esos tirones y pausas en la respiración indican desequilibrio autónomo. Para lograr relajación a nivel autónomo, necesitamos suavizar la espiración.

En el capítulo siguiente, aprenderemos técnicas de respiración, procedimientos mentales y visualizaciones a fin de lograr la relajación autónoma.

Capítulo quinto

Nivel II: Técnicas de relajación autónoma

Dominar a fondo la relajación autónoma es como aprender una segunda lengua. Al principio las palabras pueden sonarnos extrañas y nuestros intentos al hablar ser vacilantes. Pero con la práctica y al irnos familiarizando con ella, empezaremos a comunicarnos utilizando los procedimientos de lenguaje corporal más sutiles. Al progresar, adquirimos fluidez y somos expresivos, hasta que hablar ese idioma se convierte en un hábito muy arraigado.

Al igual que ocurre con las técnicas de relajación muscular, las técnicas autónomas pueden ser agrupadas en dos categorías básicas: técnicas directas e indirectas. Empecemos por explorar las técnicas directas.

MÉTODOS DIRECTOS DE RELAJACIÓN AUTÓNOMA

Respiración diafragmática regular y tranquila

La respiración diafragmática es la técnica más directa para reducir la tensión autónoma. Este enfoque trabaja con los cuatro aspectos de la respiración que influyen en la activación autónoma: la proporción de inspiraciones respecto a espiraciones, el tipo de respiración, el ritmo y la regularidad.

El primer paso es establecer un ritmo de respiración diafragmática. En la respiración diafragmática, cuando espiramos, el diafragma se relaja en forma de cúpula, comprimiendo los pulmones y expulsando el aire. Cuando inspiramos, el diafragma se contrae hacia abajo, arrastrando a los pulmones con él. Eso hace que se expanda su volumen, creando menor presión y permitiendo que el aire penetre en su interior. Eso es inspirar.

Los pulmones son participantes pasivos en la respiración. El aire se mueve hacia dentro y fuera de los pulmones cuando los músculos expanden o contraen la cavidad pectoral. En la respiración torácica, los músculos entre las costillas y que cruzan de un lado a otro del pecho, expanden y contraen el pecho. En el caso de la respiración diafragmática, los músculos abdominales y el diafragma trabajan a la vez siguiendo un patrón de sinergia. Cuando espiramos, contraemos los músculos abdominales, tirando de ellos hacia dentro, el diafragma se relaja y el aire es expulsado. Durante la inspiración, relajamos los músculos abdominales, el diafragma se contrae hacia abajo y el aire fluye al interior de los pulmones. La respiración diafragmática aparece ilustrada a la derecha.

Carecemos de control directo sobre el diafragma, pero podemos controlar de manera consciente los músculos abdominales. La mejor manera de hacerlo es acentuar la espiración contrayendo los músculos abdominales hacia dentro, lo cual fuerza el aire hacia fuera. Luego relaje los músculos abdominales y tendrá lugar una inspiración muy profunda.

En la respiración diafragmática, la espiración es la parte consciente y activa de la respiración. Si logramos una espiración completa, podemos abrirnos a una larga y profunda inspiración. El énfasis en la espiración puede parecer contrario a nuestro pensamiento habitual según el cual la respiración mejora al inspirar profundamente. Pero en la respiración diafragmática, respirar bien significa empezar con una espiración completa y luego abrirse a una inspiración profunda.

En el caso de la respiración diafragmática, los músculos abdominales y el diafragma trabajan a la vez siguiendo un patrón de sinergia.

81

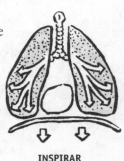

ESPIRAR

INSPIRAR

Los antiguos yoguis, que estudiaron intensamente la respiración, decían que el lapso de vida de una persona podía medirse no en años sino en respiraciones.

82

Una vez que se ha regulado la respiración diafragmática, puede pasar a observar el flujo de su respiración. Puede que se dé cuenta de que surgen ligeras dificultades y pausas durante el ciclo de inspirar y espirar. Estas irregularidades en el patrón de respiración son hábitos inconscientes que perturban sutilmente el flujo de la respiración y producen estrés en el sistema nervioso autónomo. Al concentrarse en la respiración se puede regular de manera gradual esas dificultades y pausas. También resulta de ayuda que tanto espiración como inspiración tengan el mismo recorrido. Eso crea un equilibrio entre la activación simpática y parasimpática, entre excitación e inhibición.

El siguiente paso es disminuir el ritmo de la respiración. Los antiguos yoguis, que dedicaron mucho estudio a la respiración, decían que el lapso de vida de una persona podía medirse no en años sino en respiraciones. Cuanto más lenta sea la respiración, más largo y vital será el lapso de vida.

Debería practicar la respiración diafragmática regular y tranquila al menos diez minutos dos veces al día.

Variaciones: Respiración «dos a uno» y respiración consciente

La respiración «dos a uno» es una modificación, incluso más regular, de la respiración diafragmática. Para ello, la espiración debe ser el doble de larga que la inspiración. Como la espiración fomenta la activación parasimpática, este tipo de respiración ralentiza el sistema e induce una respuesta de relajación.

Esta técnica puede utilizarse para reducir una activación simpática excesiva, calmar el ritmo cardíaco, disminuir el nivel de la presión san-

ESPIRAR   INSPIRAR

La mejor manera de practicar la respiración «dos a uno» es espirar por completo. Luego inspire la mitad de lo que ha espirado.

guínea, y crear un estado más tranquilo y equilibrado. Como la respiración «dos a uno» es tan calmante, también ayuda a dormir.

La mejor manera de practicar la respiración «dos a uno» es espirar por completo. Luego inspire la mitad de lo que ha espirado. Para la mayoría de las personas, esto significa empezar a contar hasta seis u ocho al espirar y hasta tres o cuarto al inspirar. Realice este ejercicio sin forzarse. Con el tiempo y la práctica, poca a poco irá prolongando la espiración y la inspiración.

La respiración consciente es otra técnica que puede utilizarse después de haber dominado la respiración diafragmática tranquila y regular. Ser consciente de la respiración significa observarla para descubrir cualquier patrón de desequilibrio vinculado al estrés autónomo. Puede llegar a darse cuenta de que contiene su respiración, de que inspira con rapidez, respirando desde el pecho, o de que espira mediante un largo suspiro. Cuando observe esos síntomas de tensión, puede guiar su respiración hacia la sosegada y tranquila respiración diafragmática. Eso reducirá cualquier tensión autónoma que haya empezado a acumularse.

Ser consciente de la respiración significa observarla para descubrir cualquier patrón de desequilibrio vinculado al estrés autónomo.

Existen dos maneras de practicar la respiración consciente. La primera es relacionar un momento de conciencia de la respiración con una actividad específica. Por ejemplo, cada vez que se mete en el coche, puede dirigir su conciencia a la respiración. O cada vez que finaliza de hablar por teléfono y cuelga el auricular, puede comprobar su pauta de respiración para ver si hay algún patrón de tensión presente. Estas asociaciones frecuentes proporcionan la oportunidad de practicar la respiración consciente.

El segundo método de respiración consciente implica dedicar una parte de la mente para realizar un seguimiento continuo y ser consciente de la respiración. Eso requiere más práctica. Al caminar, trabajar, leer o escuchar, parte de la mente observa la respiración en busca de signos de tensión. Cuando la tensión aumenta, se la suaviza espontáneamente, previniendo un aumento del ritmo respiratorio.

Relajación autógena

La formación autógena es otro método directo por el que se logra la relajación al nivel autónomo. El término «autógena» hace referencia a un estado de relajación autogenerado por el que se recupera el equilibrio autónomo y se activa la capacidad de recuperación del cuerpo.

La formación autógena tiene su origen en los trabajos del doctor Oskar Vogt, de Berlín, en la década de 1890. Al experimentar con la hipnosis, Vogt observó que las personas que aprendía a entrar en un estado hipnótico autoinducido solían informar de sensación de pesadez y calor durante la sesión, sintiéndose a continuación descansados y restablecidos.

84

El término «autógena» hace referencia a un estado de relajación autoinducido por el que se recupera el equilibrio autónomo y se activa la capacidad de recuperación del cuerpo.

Cuando esas personas creaban este estado de forma diaria, informaban de una disminución de fatiga, tensión y dolores de cabeza, así como un aumento del nivel de energía.

En sus trabajos de seguimiento a principios de siglo, el doctor Johannes Schultz buscaba un método terapéutico que incluyese los beneficios de la hipnosis pero evitase la pasividad de los pacientes y su dependencia de un terapeuta. Al observar que durante las primeras fases de la hipnosis, los pacientes solían hablar de que sentían los miembros relajados y pesados y de un agradable calor corporal, instruyó a sus pacientes para que creasen esas sensaciones. Al obtener buenos resultados, añadió directrices para relajar el ritmo del corazón y regular la respiración. A fin de imitar los efectos de los baños calientes y las compresas frías, indicó a sus pacientes que imaginasen calor en la región abdominal y frío en la frente. Estos seis efectos fisiológicos específicos se convirtieron en la base de la formación autógena y fueron formulados en frases específicas que las personas repetían de forma interna a fin de crear los efectos relajantes.

Schultz también descubrió que la respiración autógena podía lograrse de manera más efectiva mediante la concentración pasiva. Debe existir una atención absorta, escribió, pero no una sensación de lucha. Debe existir la sensación de dejar que las cosas sucedan, animándolas a ocurrir pero sin forzarlas a que pasen.

La concentración pasiva se logra siguiendo unos pasos sistemáticos. En primer lugar, seleccione un entorno tranquilo y vista ropa suelta y cómoda. En segundo lugar, al repetir en silencio las frases autógenas,

85

Durante la práctica de la relajación autógena, su atención puede dejarse llevar y vagar, o bien puede relajarse tanto que se quede dormido.

realice contacto mental con el cuerpo y genere un flujo de imágenes visuales, táctiles y auditivas que refuercen el efecto de la frase. Por ejemplo, mientras repite: «Mi ritmo cardíaco es tranquilo y regular», puede escuchar el ritmo cardíaco estable, visualizarlo y sentirlo en el pecho. Las imágenes deben ser agradables, cómodas y efectivas.

Durante la práctica de la relajación autógena, su atención puede dejarse llevar y vagar o bien puede relajarse tanto que se duerma. Siempre que se dé cuenta de que ha perdido la concentración, empiece de nuevo repitiendo la frase que estaba utilizando.

Para practicar la relajación autógena adopte la postura de shavasana, utilice concentración pasiva y repita tres veces cada una de las siguientes frases autógenas.

86

Me pesa el brazo derecho.
Me pesa el brazo izquierdo.
Me pesan ambos brazos.
Me pesa la pierna derecha.
Me pesa la pierna izquierda.
Me pesan ambas piernas.
Mi brazo derecho está caliente.
Mi brazo izquierdo está caliente.
Ambas piernas están calientes.
Mi pierna derecha está caliente.
Mi pierna izquierda está caliente.
Ambas piernas están calientes.

Mis brazos y piernas son pesados y están calientes.

Mi ritmo cardíaco es sosegado y regular.

Mis pulmones respiran.

Mi plexo solar está caliente.

Mi frente está fría.

La relajación autógena puede ayudar a aliviar una amplia variedad de desórdenes asociados con la tensión del SNA, incluidos problemas digestivos, enfermedades cardiovasculares, hipertensión, asma, insomnio, dolores de cabeza y lumbalgia. Con la práctica regular, la relajación autógena aumenta la energía, la vitalidad y la salud en general.

Rotación de la conciencia

En el capítulo sobre la relajación muscular, introduje una técnica sutil conocida como «rotación de la conciencia». Este enfoque implica guiar la conciencia por diferentes grupos musculares a lo largo del cuerpo. La idea subyacente es que la tensión muscular se mantiene por la falta de conciencia.

También existe una técnica de rotación de la conciencia para el nivel autónomo, que implica trasladar la conciencia a través de un cierto número de centros en el cuerpo vinculados al funcionamiento autónomo. Entre ellos están algunos de los puntos que conocimos en el capítulo de relajación autógena, como la frente, la garganta, el corazón, el plexo solar y la parte inferior del abdomen. Pero también existen unos cuantos centros autónomos más sutiles vinculados con los canales de energía o meridianos de acupuntura. En el yoga, esos canales de energía se denominan *nadis*. Sus intersecciones principales se llaman *chakras*, que quiere decir «ruedas de energía».

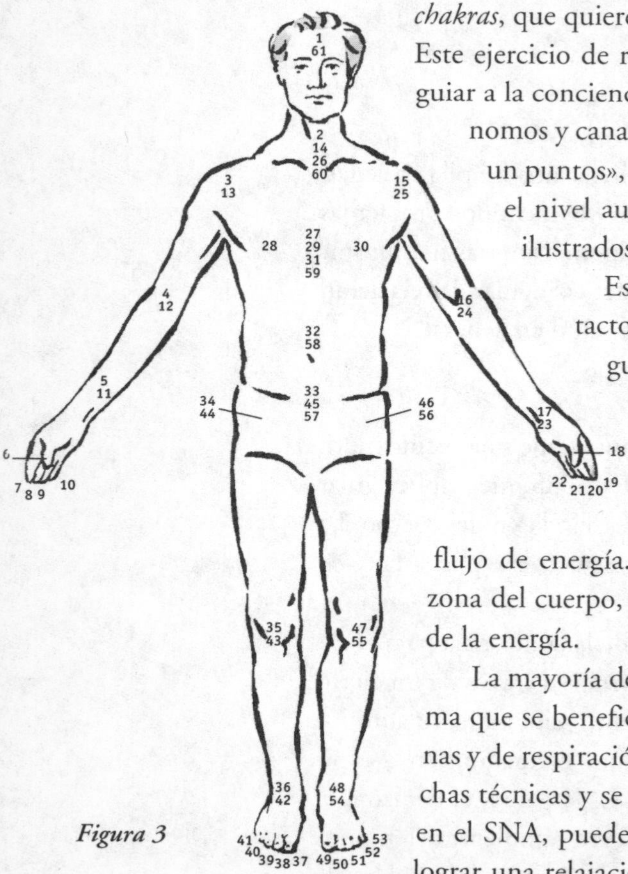

Este ejercicio de rotación de la conciencia está diseñado para guiar a la conciencia a lo largo de los principales centros autónomos y canales de energía. Conocido como «los sesenta y un puntos», este proceso crea una profunda relajación en el nivel autónomo. Los sesenta y un puntos aparecen ilustrados en la figura 3.

Este método requiere realizar y mantener contacto mental con cada punto. Es posible que algunas personas sientan dificultades a la hora de ponerse en contacto con ciertas partes de su cuerpo. Eso puede significar que el flujo de energía hacia esa zona es menor, e indica tensión autónoma y bloqueo del flujo de energía. Cuando se restablece el contacto con esa zona del cuerpo, se reduce la tensión y mejora la circulación de la energía.

La mayoría de las personas padecen tanta tensión autónoma que se beneficiarán mucho al utilizar las técnicas autógenas y de respiración. Pero una vez que se domine la base de dichas técnicas y se haya restablecido cierto grado de equilibrio en el SNA, puede utilizarse la rotación de la conciencia para lograr una relajación más profunda. Insuflar conciencia en el

Figura 3

sistema nervioso autónomo y en los canales de energía relacionados también es una experiencia muy integradora.

Para practicar la técnica de los sesenta y un puntos, deberá memorizar los puntos de la figura 3 y luego guiar su conciencia a través de la secuencia de puntos, manteniendo la atención en cada punto de tres a cinco segundos. También puede grabar en casete la práctica guiada que aparece a continuación.

Una vez haya recorrido los sesenta y un puntos por primera vez, repita el proceso poniendo más atención. Recuerde que es conveniente mantener una sensación de no esfuerzo.

Este método requiere realizar y mantener contacto mental con cada punto.

89

La
práctica

- Estírese en el suelo sobre la espalda y adopte la postura de shavasana. Sea consciente de los puntos en los que su cuerpo tiene contacto con el suelo y suelte en cada uno de esos puntos. Establezca una respiración diafragmática regular y tranquila.
- Lleve su conciencia a la frente. Entre en contacto mental con la frente. Piense en el número 1. Mantenga la conciencia en la frente durante cinco segundos. Traslade la conciencia al cuello y piense 2. Lleve la conciencia al hombro derecho y piense 3. Guía la conciencia al codo derecho y piense 4. Entre en contacto mental con la muñeca derecha y piense 5. Ahora entre en contacto mental con cada dedo.

Empiece por guiar su atención al dedo pulgar derecho, número 6; el dedo índice derecho, número 7; el dedo corazón derecho es el número 8; el dedo anular derecho, número 9; y el meñique derecho, número 10.

- Lleve su conciencia de nuevo a la muñeca derecha, número 11; al codo derecho, número 12; al hombro derecho, número 13; y de nuevo a la garganta, número 14. Entre en contacto mental con el hombro izquierdo, número 15; luego con el codo izquierdo, número 16; y con la muñeca izquierda, número 17. Guíe su conciencia por cada dedo de la mano izquierda. Empiece con el pulgar izquierdo, número 18; el índice izquierdo, número 19; el dedo corazón izquierdo, número 20; el dedo anular izquierdo, número 21; y el meñique izquierdo, número 22.

- Traslade su conciencia a la muñeca izquierda, número 23; al codo izquierdo, número 24; al hombro izquierdo, número 25; y de nuevo a la garganta, número 26. Lleve su conciencia al centro del corazón, número 27. Guíe su atención al pezón derecho, número 28; de nuevo al centro del corazón, número 29; al pezón izquierdo, número 30; y de nuevo al centro del corazón, número 31.

- Ahora lleve su conciencia al centro del ombligo, número 32, y luego al centro pélvico, número 33. Mueva su conciencia a la cadera derecha, número 34; a la rodilla derecha, 35; y al tobillo derecho, 36. Lleve su atención al dedo gordo del pie derecho, 37; al segundo dedo, 38; al tercer dedo, 39; al cuarto dedo, 40; y al dedo pequeño, 41. Lleve su conciencia de nuevo al tobillo derecho, 42; a la rodilla

90

derecha, 43; a la cadera derecha, 44; y de nuevo al centro pélvico, 45.

- A continuación, lleve su atención a la cadera izquierda, 46; a la rodilla izquierda, 47; y al tobillo izquierdo, 48. Guíe su conciencia al dedo gordo del pie izquierdo, 49; al segundo dedo, 50; al tercer dedo, 51; al cuarto dedo, 52; y al dedo pequeño, 53. Lleve su conciencia de nuevo al tobillo izquierdo, 54; a la rodilla izquierda, 55; y a la cadera izquierda, 56.

- Dirija su conciencia al centro pélvico, 57; al centro del ombligo, 58; al centro del corazón, 59; al centro de la garganta, 60; y al centro de la frente, 61.

- Ahora recorra los sesenta y un puntos una segunda vez. Permanezca un poco más en cada punto. Profundice la concentración en cada punto.

- Cuando haya finalizado la segunda ronda de los sesenta y un puntos, lleve su conciencia de vuelta a la respiración. Respire hondo varias veces. Deje que regrese a sus manos y pies una sensación de actividad. Levante los brazos por encima de la cabeza y estírese lenta y perezosamente. Abra los ojos y percátese del mundo que le rodea. También de las sensaciones internas de relajación, equilibrio autónomo e integración. Cuando se sienta preparado, abra los ojos y poco a poco regrese a las actividades cotidianas, manteniendo conciencia del equilibrio autónomo.

91

Levante los brazos por encima de la cabeza y estírese lenta y perezosamente. Abra los ojos y percátese del mundo que le rodea.

MÉTODOS INDIRECTOS
DE RELAJACIÓN AUTÓNOMA

Ejercicio

Hacer ejercicio resulta muy beneficioso a la hora de reducir la tensión autónoma, al igual que para reducir la tensión muscular. La tensión autónoma se va acumulando a lo largo de todo un día de estrés; el ritmo cardíaco aumenta, igual que la presión arterial, y la respiración se constriñe y entrecorta. Los ejercicios aeróbicos y enérgicos pueden liberar esta tensión. Correr, nadar, ir en bicicleta o bien andar con energía empiezan por aumentar el ritmo cardíaco y la presión arterial. Pero después de realizar estos ejercicios, el ritmo cardíaco y la presión arterial descienden a sus niveles normales y nos sentimos liberados y tranquilos.

Los ejercicios enérgicos son particularmente efectivos a la hora de ayudar a aflojar y normalizar la respiración. Cuando vamos en bicicleta o corremos, nos vemos forzados a respirar profunda y completamente. Tras el ejercicio, la respiración es más tranquila, profunda y lenta.

Hacer ejercicio también ayuda a sacudirnos de encima la mentalidad de «zarigüeya». Cuando realizamos ejercicios vigorosos superamos el letargo y la pasividad. El ejercicio estimula. Nos confiere una sensación de realización y alienta el optimismo.

El tipo de ejercicio aeróbico que se lleve a cabo depende de las preferencias personales. Tres o cuatro sesiones de ejercicios a la semana resultan muy beneficiosos. Los ejercicios deben ser lo suficientemente exigentes para elevar el ritmo cardíaco durante unos veinte minutos.

92

Los ejercicios enérgicos son particularmente efectivos a la hora de ayudar a aflojar y normalizar la respiración.

Al hacer ejercicio trate de evitar adoptar una actitud de lucha. Mantenga una actitud cómoda y natural. Trabaje con acuerdo a sus capacidades. Trate de maximizar los efectos beneficiosos de la respiración al coordinar su respiración con el ejercicio que realice y equilibre inspiración y espiración.

Visualización

La visualización es otro método indirecto muy efectivo para lograr la relajación autónoma, al trabajar con los centros emocionales y mentales que controlan el sistema nervioso autónomo. Cuando visualizamos una escena, ocupamos la mente con una imagen positiva. Eso excluye todos los pensamientos estresantes que por lo general crearían tensión en el SNA. Cuando el contenido de la visualización es agradable, crea un estado emocional tranquilo y agradable que reduce la respuesta simpática y restaura el equilibrio autónomo.

Los elementos clave para una visualización efectiva son imágenes intensas y contenido positivo, agradable e inspirador. Cuando se emplean todos los sentidos y la mente se halla completamente absorta en una escena hermosa, emergen sensaciones de alegría y tranquilidad.

Una de las visualizaciones más efectivas es «el lugar favorito», en la que tiene que imaginar un sitio preferido en un entorno de naturaleza. Puede tratarse de una playa, un bosque o una montaña que conozca, o bien de una mezcla de lugares conocidos, o de un escenario que cree en su imaginación. Lo importante es utilizar todos los sentidos para visualizar ese lugar.

93

Una de las visualizaciones más efectivas es «el lugar favorito», en la que tiene que imaginar un sitio preferido en un entorno de naturaleza.

La práctica

- Elija una habitación tranquila y cómoda, con una moqueta o alfombra blanda. Estírese de espaldas y adopte la postura de relajación de shavasana. Respire hondo unas cuantas veces, y luego establezca una respiración diafragmática regular y homogénea. Libere toda tensión innecesaria en brazos y piernas. Relaje los músculos faciales.

- Empiece a ver su lugar favorito en su mente; un paraje natural que conozca. Sienta un aspecto muy específico del lugar con uno de los sentidos, como el tacto. Por ejemplo, si se trata de una playa, podría empezar por sentir la textura de la arena bajo sus pies. Fíjese en lo suave que es y en cómo se hunden sus pies en la arena. Luego sienta de manera intensa otro aspecto diferente, como la temperatura de la arena.

- Según vaya experimentando esas sensaciones, cambie de sentido. Escuche con atención un sonido específico. Puede ser el sonido del viento, el fluir o el chapoteo del agua, el susurro de las hojas de un árbol o el canto de un pájaro. Luego permítase escuchar otro sonido.

- Según vaya experimentando esas sensaciones, traslade su atención al canal visual y vea algún aspecto específico del escenario. Puede tratarse de un color, una forma o una vista. Véalo con claridad. Luego vea otro aspecto específico del paraje.

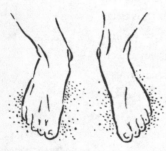

Empiece a ver su lugar favorito en su mente; un paraje natural que conozca. Sienta un aspecto muy específico del lugar con uno de los sentidos, como el tacto.

- Puede que incluso quiera sentir alguna fragancia específica que forme parte del escenario. Tal vez pueda oler el océano o las agujas de los pinos. Puede que incluso el aire cuente con un olor único.
- Permítase sumergirse en este escenario natural. Ábrase a las sensaciones de paz y bienestar que emerjan. Siéntase abrirse a los ritmos naturales del escenario.
- Vuelva a repasar los sentidos uno a uno. Sienta otro aspecto específico del panorama. Escuche otro sonido. Vea otro color o forma. Fíjese en otro olor o sabor. Observe cosas nuevas en su sitio favorito. Participe de la tranquilidad y del equilibrio propios del lugar. También puede dejar que su imaginación cree cosas nuevas.
- Cuando sienta que está preparado, lleve su conciencia de nuevo a su respiración. Deje que su respiración se haga un poco más activa. Lleve su conciencia a manos y pies. Mueva un poco los dedos de manos y pies. Abra los ojos. Levante las manos por encima de la cabeza y estírese con ganas. Una vez que se sienta preparado, regrese a la posición sentada. Reanude las actividades cotidianas. Lleve consigo la sensación de equilibrio autónomo y profunda relajación interna.

Levante las manos por encima de la cabeza y estírese con ganas... Lleve consigo la sensación de equilibrio autónomo y profunda relajación interna.

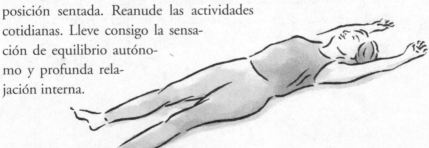

Tras seis meses de practicar regularmente la relajación autónoma, dormirá mejor y se habrán suavizado o desaparecido del todo síntomas de estrés típicos como puedan ser problemas digestivos, ansiedad, presión alta y dolores de cabeza.

CONSEJOS PARA UNA BUENA PRÁCTICA

La relajación autónoma debe practicarse diariamente a lo largo de varios meses. Reprogramar el sistema nervioso autónomo a partir de un estado de tensión continua a otro de equilibrio y relajación lleva su tiempo. Al ir dominando las técnicas de relajación autónoma tendrán lugar una serie de cambios. En primer lugar, el SNA iniciará un movimiento gradual hacia un estado más equilibrado. En segundo lugar, usted desarrollará el «efecto practicante»: es decir, será capaz de alcanzar la relajación autónoma con mayor rapidez. Al empezar a practicar, logrará un nivel suave de relajación autónoma. Pero al cabo de seis meses será capaz de conseguir una profunda relajación autónoma en cinco o diez minutos.

Tras seis meses de practicar regularmente la relajación autónoma, dormirá mejor y se habrán suavizado o desaparecido totalmente síntomas de estrés típicos como puedan ser problemas digestivos, ansiedad, presión alta y dolores de cabeza. Entonces contará con las bases para aprender técnicas de relajación emocional, mental y espiritual.

Capítulo seis

El flujo
de emociones

Como las emociones
desempeñan un papel
tan esencial en nuestras
vidas, aprender a
controlarlas es un
elemento clave a la hora
de crear una relajación
total.

98

Las emociones desempeñan un papel central en la manera en que experimentamos cada momento de la vida. Las emociones condicionan nuestros pensamientos, dan forma a nuestro comportamiento y desencadenan reacciones en todo el cuerpo. No obstante, las emociones pueden debilitarnos de tal manera que la vida cotidiana se convierta en una lucha.

Las emociones negativas tienen efectos físicos específicos. La ansiedad nos revuelve el estómago. La cólera eleva nuestra presión arterial. La preocupación nos da dolor de cabeza. El miedo nos hace sentir frío interiormente. La desesperación merma nuestra energía.

Las emociones también pueden tener efectos físicos positivos. Una persona relajada emana paz y tranquilidad. Una sonrisa ablanda enseguida la tensión muscular del rostro y del cuerpo. Y el amor nos insufla energía y entusiasmo.

Como las emociones desempeñan un papel tan esencial en nuestras vidas, aprender a manejarlas es un elemento clave a la hora de crear una relajación total. Más adelante estaremos preparados para aprender métodos de relajación emocional.

DEFINICIÓN DE LAS EMOCIONES

La palabra «emoción» deriva del verbo latino *emovere*, «alejarse». La «emoción» se define como un estado en el que se combina un sentimiento con una fuerte respuesta física que prepara al cuerpo para una acción enérgica e inmediata.

Las emociones cuentan con un valor inherente de supervivencia y protección. Cuando sentimos peligro, el miedo puede hacer que echemos a correr y escapemos. Cuando experimentamos cólera, tensamos los músculos y estamos listos para pelear. Las emociones también nos proporcionan energía para crear y alcanzar logros. Cuando estamos llenos de entusiasmo, podemos llegar a realizar hechos increíbles y a superar obstáculos. Los sentimientos de amor hacia un hijo nos dan la energía y resistencia necesarias para proteger a ese hijo.

En realidad existe un número reducido de emociones básicas. Entre ellas están la cólera, tristeza, miedo, disgusto, vergüenza, sorpresa, alegría, tranquilidad y amor. Estas emociones básicas ocupan un lugar tan importante en la experiencia humana que algunas de ellas —cólera, miedo, tristeza y alegría— producen expresiones faciales características que son reconocidas por gente de todo el mundo. Un esquimal, un aborigen australiano y un europeo urbano saben qué aspecto tiene un rostro irritado.

Estas emociones básicas son más bien nombres que se aplican a una familia de sentimientos asociados. Por ejemplo, la cólera puede variar de irritación leve a furia total. El miedo abarca desde la irritabilidad al terror absoluto. La alegría puede ir desde lo agradable al éxtasis.

Así pues, las emociones pueden combinarse para formar complejos estados sensitivos. La depresión suele combinar tristeza, miedo, disgusto y cólera. Para distintas personas, la depresión puede ser una mezcla

La primera fase es una sensación de reacción inmediata vinculada a cambios fisiológicos instantáneos. La segunda fase es de naturaleza más mental e implica pensar sobre la situación y observar las sensaciones que tienen lugar.

diversa de estas sensaciones básicas. La depresión puede incluso tomar formas diferentes en la misma persona.

Si observa emerger sus emociones, podrá darse cuenta de que existen dos fases. La primera es una sensación de reacción inmediata vinculada a cambios fisiológicos instantáneos. La segunda fase es de naturaleza más mental e implica pensar sobre la situación y observar las sensaciones que tienen lugar.

Imagine que es de noche y que va andando por una calle de un barrio desconocido. De repente oye unos pasos a su espalda que se aproximan. La reacción emocional inmediata es miedo. El corazón empieza a latir con rapidez, la respiración se acelera y los músculos se tensan, preparado para echar a correr.

Tras los pasos de esa intensa reacción inicial tienen lugar algunas reacciones secundarias. Se hace consciente de su miedo. Puede tratar de controlar el miedo pensando: «Permanece tranquilo. Que no parezca que tienes miedo. Sigue andando de manera normal y confiada». O bien puede que se le ocurran pensamientos que aumentarán el miedo: «Me van a atracar. Estoy pillado y no puedo hacer nada».

Esas dos fases de reacción emocional reflejan diferentes canales cerebrales. La primera reacción está controlada por estructuras cerebrales primitivas que compartimos con otros animales. Los perros y los lobos cuentan con ese tipo de reacción emocional instantánea. Cuando se sienten amenazados, inmediatamente gruñen y refunfuñan, dispuestos a pelear o huir. En esta reacción no existe ningún proceso de pensamiento implícito. Es inmediata.

La segunda fase de la reacción emocional es puramente humana y proviene de los canales neuronales situados en las regiones superiores de la corteza cerebral. Esas zonas son las que nos permiten ser conscientes de nuestras sensaciones y pensar en el hecho que ha desencadenado la reacción emocional. Durante esta segunda fase, nuestros pensamientos pueden trabajar para disminuir la reacción emocional o bien para avivar y sostener la respuesta emocional.

Esta segunda fase de la respuesta emocional nos confiere la capacidad de regular y controlar nuestras emociones. Al pensar las cosas podemos operar a través de la turbulencia emocional.

Pero este sistema de control cognoscitivo también tiene sus desventajas. Contamos con la capacidad de suprimir incluso las emociones más intensas. O bien podemos continuar exasperándonos por hechos que hace tiempo que dejaron de constituir cualquier tipo de amenaza. Incluso podemos imaginar amenazas que no existen. En este sentido, el sistema de control cognoscitivo suele conducirnos a la tensión emocional.

FASE 1
La reacción inmediata es sentir miedo.

TENSIÓN EMOCIONAL

Las emociones intensas suelen ser de corta duración. La tensión emocional tiene lugar cuando las emociones negativas persisten, tanto de forma abierta como suprimidas. Esta persistencia es un problema únicamente humano. En otros animales, las emociones

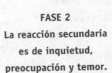

FASE 2
La reacción secundaria es de inquietud, preocupación y temor.

negativas se expresan con intensidad y por completo, pero luego desaparecen con rapidez.

Cuando mi perra ahuyenta a otro perro, se encuentra totalmente dispuesta a luchar. Tiene el pelo del lomo erizado, los labios retraídos y muestra los colmillos. Su corazón va a todo tren y su cuerpo está listo para lanzarse a la lucha. Pero tan pronto como el otro perro se marcha, empieza a relajarse. Y diez minutos más tarde está hecha un ovillo a mis pies, echando una cabezada con toda tranquilidad. Estoy seguro de que no está dándole vueltas a la cabeza sobre si el otro perro volverá la semana que viene. Tampoco le preocupa la manera en que resolvió la situación.

No obstante, todas esas preocupaciones son típicamente humanas. Tenemos la habilidad de conseguir que las emociones negativas persistan. Cuando discutimos con el jefe y cometemos algún error estúpido, podemos repasar mentalmente ese hecho y sentirnos exasperados durante horas, días, semanas e incluso años. En cualquier momento del futuro podemos volver a repasar el incidente y reavivar nuestra cólera y frustración.

También podemos crear otras turbulencias emocionales al imaginar complejas y aterradoras escenas sobre un posible desastre, al evocar en nuestra mente la manera en que nos pueden despedir, en que podemos arruinarnos, perder nuestra vivienda, sufrir rechazo por parte de la familia y amigos o bien morir en la pobreza más abyecta. Todas esas pautas de pensamiento crean y avivan intensas emociones negativas.

Las emociones negativas suelen autoperpetuarse. Cuando sentimos

102

También podemos crear otras turbulencias emocionales al imaginar complejas y aterradoras escenas de un posible desastre.

tristeza, nos fijamos de manera selectiva en cosas que nos entristecen todavía más e ignoramos las que podrían alegrarnos. Cuando estamos llenos de cólera, tendemos a ver y escuchar cosas que nos irritan y que nos exasperan todavía más.

La tensión emocional crea una activación y tensión excesivas en los niveles muscular y autónomo. También pueden darse algunos cambios a nivel bioquímico. Una sensación persistente de desánimo y tristeza puede vaciar el cerebro de los neurotransmisores que suelen elevar los ánimos. Como resultado de todo ello, puede resultar cada vez más difícil sentir alegría. Cuando este es el caso, la persona está atrapada en un estado de tensión emocional.

DESENCADENANTES DE EMOCIONES NEGATIVAS

Son muchos los hechos que desencadenan emociones negativas y que conducen a la tensión emocional. La causa más común es que suceda algo contrario a nuestros deseos y preferencias. Algo que alguien hace o dice puede evocar una emoción negativa. O bien podemos hacer o decir algo que no nos gusta. Las emociones negativas también se desencadenan debido a acontecimientos graves, como puedan ser enfermedades, problemas económicos, dificultades en las relaciones, cambios de trabajo o bien la muerte de un miembro de la familia.

Una respuesta emocional intensa frente a sucesos y situaciones perturbadoras y estresantes es algo normal. Pero nuestra tendencia a mantener y exacerbar las emociones negativas convierte unas saludables respuestas emocionales en tensión emocional. La manera en que pensamos en ellas, en que nos hablamos a nosotros mismos acerca de ellas, o bien la forma en que las visualizamos, son las actividades cerebrales que sustentan la tensión emocional.

La sugestión es otra fuente de tensión emocional. Todos nos hallamos sujetos a la influencia del mismo poder de sugestión utilizado por los hipnotizadores para hacer que las personas se comporten de forma inusual o bien tengan sensación de frío o calor. Nuestras emociones son influidas por las sugerencias negativas y positivas de los demás. Este apego a las sugerencias provenientes de los demás nos coloca en una montaña rusa emocional.

Los instintos básicos son otra fuente de emociones. El famoso psiquiatra y neurólogo Sigmund Freud creía que el instinto del placer sexual era la fuerza motriz básica de nuestra vida emocional.

Los practicantes de yoga creen que en realidad existen cuatro deseos instintivos básicos que suscitan el compartimiento humano: la autoconservación, la comida, el sexo y el sueño. Las emociones emergen cuando pensamos en dichas necesidades, cuando satisfacemos esas urgencias o cuando se frustran nuestros intentos por satisfacerlas.

Los practicantes de yoga creen que en realidad existen cuatro deseos instintivos básicos que suscitan el comportamiento humano: la autoconservación, la comida, el sexo y el sueño.

Por poner un ejemplo: analicen la manera en que nuestras emociones se ven afectadas de una manera constante por nuestra necesidad de comida. Nos preocupamos sobre cuándo comer, qué comer y cuánto. Queremos satisfacer la necesidad de comida. Queremos disfrutar de nuestra comida. Pero demasiado a menudo experimentados culpa, ansiedad y decepción en relación con ella.

Si estudiamos nuestras sensaciones a lo largo del día, podremos ver que los otros tres instintos básicos —la autoconservación, el sexo y el sueño— crean pautas emocionales parecidas. Nuestro instinto de auto-conservación desencadena respuestas emocionales intensas si nos encontramos frente a cualquier tipo de peligro o amenaza física. A un nivel más sutil, la autoconservación se ve amenazada cuando las personas nos critican o rechazan.

La necesidad de dormir también influye en nuestras emociones. Cuando disfrutamos de un buen sueño reparador nos sentimos descansados y contentos. Pero si nuestro sueño ha sido inquieto o se ha visto interrumpido, nos sentimos irritables y de mal genio. Si nos vemos privados del sueño durante un período de tiempo, podemos llegar a convertirnos en mentalmente inestables. Cuando somos incapaces de satisfacer cualquiera de esos deseos instintivos, experimentamos tensión emocional.

Otra fuente de emociones negativas son los traumas de la infancia. Los niños que experimentan un hecho aterrador pueden vivir con una intensa sensación de miedo y desarrollar la creencia profunda de que el mundo es un lugar peligroso y espantoso. Los niños que han sido humillados o sometidos a abusos pueden albergar una profunda rabia en su psique. Los que han experimentado una pérdida traumática pueden sentir una tristeza y desesperanza latentes a lo largo de toda su vida.

EFECTOS DE LA TENSIÓN EMOCIONAL

Las emociones negativas crónicas nos afectan de muchas maneras. Las emociones negativas están directa e inmediatamente conectadas a la ac-

105

tivación muscular y autónoma. Por ello, la tensión emocional puede causar muchos síntomas físicos, incluidos dolores de cabeza, dolor de espalda, problemas digestivos, hipertensión y enfermedades cardíacas. La tensión emocional hace que disminuya la vitalidad de nuestro sistema inmunitario y agota nuestras reservas energéticas.

La tensión emocional también influye en nuestra percepción. Cuando sentimos miedo de forma persistente, empezamos a buscar peligros de manera selectiva. Presas de la ansiedad latente en nosotros, inspeccionamos constantemente el entorno en busca de cosas que puedan estar mal. Inmersos en tristeza y desesperación constantes, vemos limitaciones y barreras por todas partes. El vaso siempre está medio vacío. Y si contamos con un patrón colérico, no nos cuesta mucho ver cosas que nos irritan y provocan.

La tensión emocional hace que disminuya la vitalidad de nuestro sistema inmunitario y agota nuestras reservas energéticas.

La tensión emocional trastorna nuestros ritmos vitales básicos. Cuando sentimos cólera, ansiedad o estamos deprimidos, o bien no podemos dormir o dormimos demasiado. Y cuando estamos exasperados, o perdemos el apetito del todo o nos dedicamos a comer de manera compulsiva. Cuando nuestro sueño y alimentación se ven trastornados, nos sentimos todavía peor a nivel físico y emocional. Es menos probable que queramos hacer ejercicio o llevar a cabo las acciones positivas que nos harían sentir mejor.

La tensión emocional también restringe nuestra espontaneidad emocional natural. Cuando estamos en las garras de una cólera o ansiedad tenaces, se nos hace muy difícil responder a las alegrías sencillas que nos rodean. Nos cegamos a la inspiradora belleza de la naturaleza. Somos incapaces de aceptar bondad y amor por parte de los demás. Es una ironía, pero la tensión emocional persistente nos impide mostrarnos irritados o tristes de una forma espontánea y natural.

Esta tensión también bloquea nuestra tendencia natural hacia el autodesarrollo. Si nos hallamos en las garras de emociones negativas persistentes, nuestra vida adquiere una cualidad dominada por la reacción. El niño con rabia almacenada en su interior organiza su vida de manera que nunca más pueda ser humillado. La niña que padece ansiedad se ve obligada a controlarlo todo y a todos en su vida. Cuando construimos nuestras vidas en torno al hecho de reaccionar frente a la tensión emocional, resulta muy difícil tomar un camino de crecimiento en el que nos veamos motivados a seguir algún ideal u objetivo.

La tensión emocional afecta a nuestras relaciones. En la proximidad de una relación íntima, resulta imposible esconder o encubrir nuestra tensión emocional latente. Inevitablemente, proyectamos nuestros problemas emocionales en la relación. Si introducimos miedo en la relación, pronto empezaremos a dudar de nuestra pareja. Si introducimos rabia en la relación, no pasará mucho tiempo sin que sintamos rabia hacia nuestra pareja. En ambos casos estamos reforzando nuestros patrones de tensión emocional.

Cuando estamos en las garras de una cólera o ansiedad tenaces, se nos hace muy difícil responder a las alegrías sencillas que nos rodean.

107

LA NATURALEZA DE LA RELAJACIÓN EMOCIONAL

Con la relajación emocional aprendemos a liberarnos del abrazo de la ansiedad, el miedo y la tristeza.

108

Dicho de una manera sencilla, la relajación emocional significa soltar las emociones negativas. Muchas personas creen que eso es algo imposible. Piensan que sus emociones negativas les tienen atrapados en un puño. Se identifican por completo con la realidad de estar triste, de sentirse desanimado o irritable. Con la relajación emocional aprendemos a liberarnos del abrazo de la ansiedad, el miedo y la tristeza.

A partir de entonces, las emociones negativas empiezan a funcionar de la manera que deben. Surgen como respuesta a un hecho, nos suministran la energía para responder en la modalidad de protección, o con firmeza, para luego regresar a un estado más equilibrado.

La relajación emocional es algo más que disminuir la fuerza de las emociones negativas. Cuando liberamos emociones negativas, las emociones positivas se trasladan al primer plano de nuestra experiencia. Un segundo objetivo de la relajación emocional es alentar y realzar un amplio espectro de emociones positivas.

Estas emociones positivas pertenecen a varias categorías más amplias. La primera de ellas contiene términos como contento, serenidad, sosiego, tranquilidad y calma. Sensaciones de quietud y paz, que se experimentan en muy pocas ocasiones, pueden surgir de manera natural cuando se sueltan las emociones negativas.

Otra categoría de emociones positivas versa sobre una sensación de disfrute más activa e incluye placer, alegría, deleite, gozo, arrobamiento y éxtasis. En un estado de relajación emocional estamos más abiertos a esas emociones, que pueden surgir de manera natural. No es necesario que nos dediquemos a buscarlas con entusiasmo; podemos experimentarlas al pasar ratos con la familia y los amigos, al escuchar música, leer, dar un paseo o realizar un trabajo o proyecto.

Una tercera categoría de emociones positivas trata de las expresiones de amor. Esta categoría incluye simpatía, aceptación, afinidad, devoción y adoración. Estos sentimientos pueden dirigirse hacia una persona, un ideal, un proceso creativo o un objetivo específico en la vida. Estos sentimientos de amor satisfacen, inspiran y estimulan.

Las emociones positivas tienen un efecto beneficioso sobre nuestro cuerpo. La serenidad aporta sosiego y descanso físico. El disfrute estimula y el amor parece que en realidad cambia nuestra química cerebral, liberando neurotransmisores que nos hacen sentir bien.

La relajación emocional también cambia la manera en que experimentamos el tiempo. La tensión emocional nos encierra en el pasado y el futuro. Nos preocupamos por lo que ya ha sucedido. Nos atormentamos por lo que puede pasar. Por ello, pasamos por alto la mayoría de lo que sucede en el presente. Sólo somos capaces de experimentar el presente a través de los filtros creados por la experiencia del pasado y las preocupaciones del futuro.

Pero la relajación emocional cambia todo eso. Cuando soltamos las emociones negativas, nuestra conciencia se traslada al presente. Nos abrimos más y somos más conscientes de lo que sucede. Vemos, escu-

> **Sensaciones de quietud y paz, que se experimentan en muy pocas ocasiones, pueden surgir de manera natural cuando uno se desprende de las emociones negativas.**

chamos y tocamos el mundo que nos rodea. Percibimos las posibilidades y oportunidades disponibles en el presente.

Cuando reducimos la tensión emocional, somos capaces de vivir de forma más completa, de trabajar creativamente, y de amar de una manera natural y saludable. Somos más espontáneos, más equilibrados y somos más responsables de nuestra propia vida.

Capítulo siete

Nivel III: Técnicas de relajación emocional

Como los pensamientos desempeñan un papel crucial a la hora de mantener y alimentar las emociones negativas, a continuación se presentan unas cuantas técnicas de relajación emocional que trabajan con los pensamientos. Son lo que se llama *enfoques cognoscitivos*.

Como las emociones crean una activación fisiológica, existen varias técnicas físicas para la relajación emocional. Y como las emociones surgen de las cuatro necesidades o instintos básicos, necesitamos entender esos apremios, y trabajarlos, a fin de activar el equilibrio emocional.

ENFOQUES COGNOSCITIVOS DE LA RELAJACIÓN EMOCIONAL

Corregir los monólogos interiores

Algunas de las emociones negativas más persistentes están vinculadas de forma inseparable a patrones de pensamiento. Pensemos en una persona que está deprimida. Piensa que su vida va cuesta abajo y que nunca mejorará. Se ve a sí misma como inútil y cree que nunca cambiará. Esos pensamientos tienen lugar en su mente en forma de monólogos interiores. Una persona deprimida repite esos *monólogos interiores* una y otra vez.

Distintas pautas de ese tipo de monólogos crean pautas distintas de tensión emocional. Las personas ansiosas se dicen a sí mismas que todo irá mal, que las consecuencias de un error serán calamitosas y que todo el mundo piensa de ellas lo peor. Las personas irritables se dicen a sí mismas que no van a dejar que nadie se aproveche de ellas, que siempre han de decir la última palabra, y que deben responder a cualquier insulto.

Corregir esos monólogos interiores es un método importante a la hora de conseguir relajación emocional. Podemos empezar por aprender a escuchar y observar el contenido de nuestras conversaciones con nosotros mismos. Cuando nos hallamos bloqueados en una pauta de rabia o ansiedad persistente, debemos darnos cuenta de lo que nos estamos contando. Así podremos reemplazar nuestros monólogos provocadores de tensión por pensamientos que reduzcan las emociones negativas, cultivando un estado positivo.

Este tipo de monólogos interiores que producen emociones negativas se pueden agrupar en seis categorías: *demandas, negación, reacción exagerada, pensar que siempre y que nunca, pensar que todo o nada,* y *leer el pensamiento.* Examinemos cada una de estas categorías de monólogos interiores nocivos y exploremos formas para corregirlos.

Demandas

La primera categoría consiste en las rígidas y en ocasiones poco realistas demandas que hacemos a los demás, a nosotros mismos, y a la vida en general. En nuestro lenguaje interior esas demandas son generalmente formuladas con palabras como «tendría», «debería ser», o «ha de». Nuestras esposa *tendría* que ser comprensiva, paciente y amante. Sentimos que nuestros colegas *deberían* ser justos y respetarnos. Esperamos que el tráfico *tendría* que ser fluido, que nuestro coche *tendría* que funcionar bien después de haberlo llevado a arreglar, que nuestros esfuerzos *deberían* ser reconocidos y recompensados.

Cuando nos hallamos bloqueados en una pauta de rabia o ansiedad persistentes, debemos darnos cuenta de lo que nos estamos contando.

113

Cuando nuestras demandas no se ven cumplidas, nos enojamos. Nos irritamos con los demás, con nosotros mismos y con la vida en general. Tendemos a repetir nuestras demandas una y otra vez, con lo que aumenta nuestra irritación, que se convierte finalmente en tensión emocional crónica.

Solemos tratar de justificar nuestras demandas, haciendo referencia a «lo que está bien» y «lo que yo haría», y juzgando a otras personas según nuestras reglas. La mayor parte del tiempo nuestras demandas no son más que nuestros deseos.

Una vez que nos damos cuenta de que el núcleo de cualquier demanda es un deseo o una necesidad, podemos empezar a cambiarla. Podemos repetir nuestras demandas de forma más razonable: «Me *gustaría* que mi esposa fuese comprensiva, paciente y amante». «*Preferiría* que mis colegas me respetasen y me diesen un trato justo». «Me *gusta* cuando el tráfico es fluido y el coche funciona bien».

A primera vista, estos cambios en el lenguaje interior pudieran parecer pequeños e inconsecuentes, cuestión de semántica. Pero, de hecho, lo cierto es que esos cambios provocan ciertas modificaciones. Cuando pensamos en nuestros deseos en términos de necesidades o preferencias en lugar de rígidas demandas, creamos más flexibilidad en nuestra respuesta emocional, y sobre todo al responder a los demás. No estamos tan apegados al resultado. Reconocemos que no podemos conseguir todo lo que queremos.

Si examinamos nuestros deseos, podemos darnos cuenta de que en realidad algunos de ellos no son tan importantes, sino que son expectativas y sugerencias provenientes de la familia y la sociedad. Por otro lado, si queremos algo, dejar claro que es una necesidad puede transformarla en un ideal que nos inspire y nos proporcione sensación de esperanza, entusiasmo y energía.

Expresar con otras palabras nuestras expectativas dejando de lado el rígido lenguaje compuesto de «debería» y «tendría» para pasar a preferencias y necesidades, es el primer paso para corregir nuestros monólogos interiores.

Negación

La segunda categoría de monólogos interiores productores de estrés es la negación. En este caso utilizamos nuestro lenguaje interior para negar la realidad de un suceso. Cuando alguien traiciona nuestra confianza, solemos pensar: «No me lo puedo creer», o: «No me puedo creer que hiciese eso». Un segundo tipo de negación implica falta de visión en relación con un suceso. En ese caso nuestro monólogo interior puede ser: «¿Cómo se puede llegar a hacer eso?», o: «No lo entiendo». Cuando repetimos continuamente ese tipo de monólogo, nos sentimos cada vez más perplejos, ansiosos e irritados.

Podemos lidiar con el primer tipo de negación afirmando la realidad, reconociendo que eso ocurrió realmente y luego seguir adelante. En cuanto al segundo tipo de negación, podemos darnos cuenta de que cualquier suceso tiene causas múltiples. Necesitamos tiempo, esfuerzo y una perspectiva correcta para ver las causas desencadenantes del comportamiento de los demás o de nosotros mismos. También podemos entender y aceptar que en ocasiones las personas actúan de manera impulsiva e impredecible.

Expresar con otras palabras nuestras expectativas dejando de lado el rígido lenguaje compuesto de «debería» y «tendría» para pasar a preferencias y necesidades, es el primer paso para corregir nuestros monólogos interiores.

Reacción exagerada

Cuando nos repetimos a nosotros mismos que ese suceso es horrible y espantoso y que no podemos soportarlo, es que estamos reaccionando exageradamente. Cuando más repetimos este tipo de evaluación extrema, más nos irritamos. Unos pocos segundos de este tipo de reacción conducen a una respuesta total de lucha o huida.

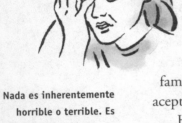

Cuando caemos en la pauta de la reacción exagerada, deja de importar la naturaleza del suceso. Podemos irritarnos por algo tan nimio como no encontrar las llaves del coche o tener que pagar por aparcar. Pero cuando frente a este tipo de sucesos reaccionamos utilizando el contraproducente monólogo interior, entonces creamos emociones negativas muy intensas. Y cuando nos enfrentamos a un acontecimiento importante, como la pérdida de un empleo, el final de una relación o la muerte de un familiar, nuestra pauta habitual de reacción exagerada evitará que aceptemos y nos ajustemos a ese trauma.

Hay varias e importantes ideas que pueden ayudarnos a corregir los monólogos interiores relacionados con la reacción exagerada. Para empezar, podemos comprender que nada es inherentemente horrible o terrible. Es nuestra interpretación de los acontecimientos lo que los convierte en horribles o espantosos.

También podemos tener en cuenta lo diferente que es nuestra reacción frente a los acontecimientos a lo largo del tiempo. Lo que parecía horrible hace cinco años ahora puede considerarse con ecuanimidad. Con el paso del tiempo tenemos una perspectiva diferente de los acontecimien-

Nada es inherentemente horrible o terrible. Es nuestra interpretación de los acontecimientos lo que los convierte en horribles o espantosos.

tos. Una técnica que puede ayudarnos a alcanzar esta perspectiva es el llamado «método de cinco».

Cuando se enfrente a lo que aparentemente es una crisis, pregúntese a sí mismo cómo se sentirá al respecto dentro de cinco años. Y si eso le parecería bien, a continuación pregúntese qué le parecerá al cabo de cinco meses. Cuando eso le haga sentirse mejor, pregúntese en cinco semanas, cinco días, cinco horas e incluso cinco minutos.

Con el paso del tiempo podemos llegar a descubrir sorprendentes aspectos de lo que en apariencia son acontecimientos sombríos. Fracasar en la escuela, perder el empleo o romper una relación puede haber parecido terrible cuando sucedió. Pero cuando lo observamos a la luz del presente, podemos llegar a discernir un lado positivo. Con el paso del tiempo, lo que parecían sucesos horribles no eran más que pasos intermedios que nos condujeron a una escuela mejor, a un trabajo más satisfactorio o a una relación mejor.

Con el método de cinco tenemos a nuestra disposición una poderosa técnica para revisar sucesos negativos. El truco no está en esperar cinco años para poder con algo, sino hallar oportunidades inmediatas en lo que a todas luces son acontecimientos negativos. Cuando se cierra una puerta, hay que buscar la ventana que se ha abierto.

Pensar que siempre y que nunca

Los monólogos interiores centrados en el siempre o el nunca proyectan nuestras reacciones desmesuradas hacia el futuro. Nos decimos a nosotros mismos que siempre lo haremos mal, que siempre lo acabamos liando todo, que siempre elegimos mal. Pensamos que siempre nos sentiremos tristes, abandonados, solitarios y carentes de amor. Nos decimos a nosotros mismos que nunca alcanzaremos el éxito, que nunca desarrollaremos nuestro potencial, que nunca haremos nada bien. Esos monólogos sobre siempre y nunca tienen un importante efecto negativo sobre nuestras emociones y nuestro bienestar físico. Para el sistema nervioso y los músculos representan un lenguaje contradictorio. Por un lado, nos decimos a nosotros mismos que hay algo que está muy mal, lo que conduce a la activación. Y al mismo tiempo, nos estamos diciendo que no se puede hacer nada, lo que lleva a la inhibición. Es como apretar a la vez los pedales del gas y el freno.

118

Podemos corregir esos monólogos interiores teniendo en cuenta la naturaleza de las emociones. Los sentimientos negativos van desapareciendo a menos que sean reforzados por monólogos interiores contraproducentes. En consecuencia, podemos decirnos a nosotros mismos que esos sentimientos pasarán, que nos recuperaremos, que volveremos a la carga.

Al igual que las emociones se desvanecen y cambian, lo mismo sucede con las circunstancias. Lo que hoy cae dentro de la categoría de «nunca», puede muy bien ser posible a la semana siguiente. Lo que da la impresión de ser una condición crónica en estos momentos podría cambiar en el futuro. Hemos de tener paciencia y esperar el momento propicio, cuando las cosas estén listas para cambiar. Por ejemplo, muchas personas creían que el muro de Berlín estaría ahí durante mucho tiempo; no obstante, cuando llegó la hora, se vino abajo con sorprendente rapidez.

Lo que hoy cae dentro de la categoría de «nunca», puede muy bien ser posible a la semana siguiente.

También podemos tratar de dar esos primeros pasos, iniciar las acciones que nos ayudarán a deshacernos del tipo de pensamientos basados en el siempre o el nunca. Cuando pasamos a la acción para mejorar las cosas, por muy pequeño o simbólico que pueda ser el acto, estamos alentando nuestro monólogo interior más optimista.

Pensar que todo o nada

Cuando pensamos en términos de todo o nada, estamos realizando evaluaciones absolutas de nosotros mismos y de los demás. Si cometemos un error de tipo social, llegamos a la conclusión de que carecemos de habilidades sociales. Si metemos la pata en el trabajo, nos decimos que somos unos incompetentes. Si nos miente otra persona o nos manipula de alguna manera, pensamos que él o ella es desconsiderada y despreciable.

Pensando en términos de todo o nada, nos vemos atrapados en la falacia de que un solo tipo de comportamiento describe a la persona completa y que un acontecimiento representa una situación en su totalidad. Cuando reaccionamos de esta forma frente a la vida, aumentamos nuestra rabia de manera considerable, al igual que nuestra frustración y tristeza. Cuando estamos atrapados en la red del pensar que todo o nada, no podemos hallar soluciones, opciones o posibilidades. Somos incapaces de reconocer los aspectos positivos de nosotros mismos o de los demás.

Para corregir este tipo de monólogo interior, necesitamos alcanzar una perspectiva más amplia y aceptar el error. Entonces podremos perdonarnos a nosotros mismos, aprender lo que podamos de ello y comprometernos a llevar las cosas de manera distinta en el futuro. También podemos recordarnos a nosotros mismos nuestro mejor lado, nuestras capacidades y amistades.

> **Pensando en términos de todo o nada, nos vemos atrapados en la falacia de que un solo tipo de comportamiento describe a la persona completa y que un acontecimiento representa una situación en su totalidad.**

Leer el pensamiento

Leer el pensamiento tiene lugar cuando creemos que nuestra tensión, ansiedades, defectos físicos y defectos aparentes resultan ostensibles para los demás. Si damos una charla frente a una gran audiencia, estamos convencidos de que todo el mundo está percibiendo el ligero temblor que sacude nuestra voz, viendo la mano vacilante y sintiendo nuestra respiración nerviosa.

Una vez que empiezan esos monólogos interiores sobre lo que estarán pensando los demás, creamos un ciclo por el que aumenta nuestra ansiedad y el tamaño de nuestros problemas. Nos cohibimos y nos tensamos más y somos más propensos a cometer errores. Empezamos a evitar gente y situaciones, y proyectamos una imagen negativa.

Esos monólogos interiores sobre leer el pensamiento pueden corregirse cayendo en la cuenta de que los demás raramente perciben nuestras reacciones internas. Se puede estar en lo alto de un podio y darse cuenta de que el ritmo cardíaco es galopante y que las manos sudan. Pero un miembro de la audiencia, aunque note nuestro nerviosismo, sólo le concederá atención de pasada o bien reaccionará con simpatía.

No resulta nada saludable o lógico preocuparse por los juicios de los demás. No obstante, podemos escuchar sus comentarios y aprender de ellos. Pero lo que quere-

CATEGORÍA	MONÓLOGOS NEGATIVOS	MONÓLOGOS POSITIVOS
Demandas	Yo, él, debería, tendría	Me gustaría, preferiría
Negación	No me lo puedo creer. No puedo entenderlo.	Así ocurrió. Lo entiendo.
Reacción exagerada	Es terrible, horrible, insoportable.	Es algo desafortunado. ¿Qué parecerá de aquí a cinco años?
Pensamiento siempre-nunca	Siempre me sentiré triste, miserable, solo. Nunca triunfaré, conseguiré, colmaré.	Estos sentimientos pasarán. Las cosas pueden cambiar. Pueden pasar muchas cosas.
Pensamiento todo o nada	Soy, es, eres totalmente incompetente, desconsiderado, miserable.	Puedo reconocer un error y aprender. Puedo encontrar aspectos positivos de mí mismo y de los demás.
Leer la mente	Él, ella, ellos perciben mi tensión, mi ansiedad y nerviosismo interiores.	Los demás casi nunca perciben mi estado interior ni les preocupa.

mos es salir de la trampa de la lectura de pensamiento. Después de todo, ¿por qué preocuparse de las opiniones de los demás si tenemos en cuenta la rapidez con que pueden cambiar?

Hemos examinado seis amplias categorías de monólogos interiores que provocan tensión emocional. Siempre que nos encontremos atrapados en emociones negativas podemos darnos cuenta de los monólogos interiores que causan y mantienen nuestro desasosiego y empezar a modificarlos.

Puede parecer difícil. Nuestros viejos monólogos interiores nos resultan familiares y por lo tanto creíbles. Los monólogos corregidos pueden resultar incómodos o falsos. Pero una vez que los hayamos utilizado con éxito nos parecerán de lo más natural y nos ayudarán a movernos por la vida con equilibrio emocional.

CONCIENCIA Y ATENCIÓN

El proceso de toma de conciencia está basado en la capacidad exclusivamente humana de la autoobservación. En el interior de nuestro cerebro no sólo tenemos sistemas que perciben y reaccionan, sino también sistemas que pueden observar y controlar la actividad cerebral. Se trata de una capacidad infrautilizada. Pero es una capacidad que puede reforzarse.

El elemento clave de la toma de conciencia es observar. Podemos detenernos en el flujo de acciones y reacciones para observar nuestra realidad interior. Pero es importante no juzgar lo que observamos. Eso tiende a acabar con el proceso de conciencia. Es mejor respirar unas cuantas veces utilizando la respiración diafragmática, establecer un momento de calma

121

En el interior de nuestro cerebro no sólo tenemos sistemas que perciben y reaccionan, sino también sistemas que pueden observar y controlar la actividad cerebral.

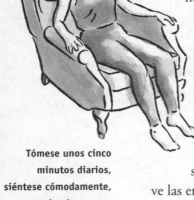

Tómese unos cinco minutos diarios, siéntese cómodamente, respire de manera regular, entrecierre los ojos y dedíquese simplemente a observar las emociones presentes.

y luego pasar a observar pensamientos y emociones. Podemos clasificar nuestros pensamientos con descripciones simples como «pensamientos sobre el futuro» o «pensamientos acerca del pasado». Podemos clasificar nuestras emociones como «cólera», «tristeza», «miedo» o «disgusto». Podemos observar de qué manera se asocian los pensamientos entre sí y cómo bajo cada emoción radican otras.

Una buena manera de practicar esta técnica es tomarse unos cinco minutos diarios, sentarse cómodamente, respirar de manera regular, entrecerrar los ojos y simplemente observar las emociones presentes. Se dará cuenta de que existen diversas capas de emociones, algunas en la parte superior y aparentes y otras que emergen al cabo de algunos minutos. Recuerde: sólo observe las emociones. No reaccione. No intervenga. Observe las emociones, no se deje llevar por ellas.

Con la práctica adquirirá capacidad para poner atención, para concentrarse. Se sentirá más en contacto con su ser interior. Experimentará una mayor paz y tranquilidad. Con tiempo y práctica, será capaz de mantenerse consciente todo el día.

MORAR EN LO OPUESTO

En los Yoga Sutras de Patañjali, un antiguo texto de prácticas yóguicas, se puede encontrar una técnica cognoscitiva utilizada para reducir la tensión emocional: *morar en lo opuesto*. Se trata de que cuando la mente se vea perturbada por emociones de cólera, resentimiento o ansiedad, hay que activar las emociones opuestas.

Por ejemplo, si siente cólera contra alguien, deberá cultivar sentimientos de comprensión hacia esa persona. Si siente odio hacia alguien, podría hacer que surgieran sentimientos de compasión y amor por esa persona. Si se siente decepcionado por un miembro de la familia, podría cultivar sentimientos de orgullo y aprecio.

La intención que radica en esta técnica es de orden práctico. La cólera, el odio y la decepción interiores sólo nos hacen daño a nosotros mismos. Las emociones negativas se extienden como un cáncer, avivando más y más emociones negativas. Pero cuando se mora en los sentimientos opuestos, se eliminan las emociones negativas. Nos liberamos de nuestra tensión emocional, tranquilizamos la mente y permitimos que las cosas cambien.

Para practicar esta técnica, lo más conveniente sería sentarse tranquilamente y respirar de manera regular unas cuantas veces. Cerrar total o parcialmente los ojos y hacerse consciente de las intensas emociones negativas que podemos sentir hacia alguien o respecto a una situación. Observe con exactitud qué emociones tiene y determine hacia quién o qué están dirigidas. Luego sólo tiene que crear los sentimientos contrarios. Piense de manera positiva en la persona con la que se siente irritado. Siéntase optimista respecto a la resolución de los conflictos a los que se enfrenta. Permanezca en esos nuevos sentimientos durante unos cuantos minutos.

Al principio, esta técnica puede parecer muy simplista. Se puede cuestionar la autenticidad de las emociones corregidas y creer que siente la rabia como algo más real. Pero esta técnica trata de conmover su propia libertad para que abandone la necesidad de juzgar a los demás.

> Si siente odio hacia alguien, podría hacer que surgieran sentimientos de compasión y amor por esa persona.

123

ENFOQUES FÍSICOS DE LA RELAJACIÓN EMOCIONAL

Respiración

El patrón de nuestra respiración refleja nuestro estado emocional. Cuando sentimos ansiedad, las inspiraciones son rápidas y ruidosas. Cuando tenemos miedo, aguantamos la respiración. Cuando estamos deprimidos, espiramos con un largo suspiro. Cuando nos sobresaltamos, boqueamos en busca de aire, y una experiencia espantosa puede dejarnos sin aire. Y cuando estamos tranquilos, nuestra respiración es suave, regular y tranquila.

La relación entre respiración y emociones es de doble sentido. Nuestro patrón de respiración condiciona directamente nuestro estado emocional. Establecer una respiración diafragmática tranquila y regular crea un estado emocional más equilibrado y sosegado.

En el capítulo 5 aparecen las pautas para la práctica de una respiración diafragmática tranquila y regular. Esta técnica puede utilizarse en cualquier momento y en cualquier lugar para restaurar con rapidez el equilibrio emocional. Si discute con otra persona y se le encienden los ánimos, puede empezar a respirar con el diafragma de manera regular y tranquila y restaurar su equilibrio emocional. Si se siente abrumado por el trabajo, respirar con el diafragma le ayudará a recuperar la energía y la esperanza. Si siente ansiedad antes de emprender un desafío, la respiración diafragmática le tranquilizará.

La respiración diafragmática también puede prevenir la tensión

INSPIRAR
1, 2, 3

ESPIRAR
1, 2, 3

El patrón de nuestra respiración refleja nuestro estado emocional.

emocional. Practicar está técnica de cinco a diez minutos de manera regular a lo largo del día puede ayudar a mantener un estado de equilibrio emocional y prevenir las reacciones exageradas.

Los resultados de la respiración diafragmática pueden verse mejorados practicando la «respiración sonriente». Una vez ha conseguido establecer una pauta de respiración diafragmática tranquila, suelte toda la tensión de los músculos faciales y permita que en su rostro se asiente un principio de sonrisa. Son muchas las emociones negativas que se convierten en tensión facial. Cuando se relajan los músculos faciales en un principio de sonrisa y se respira de forma regular, nos estamos acercando a un estado más relajado.

Trabajar con la respiración aumentará la conciencia de su naturaleza emocional. Al observar la relación existente entre respiración y emociones, experimentará cambios y reacciones emocionales a niveles más sutiles.

EJERCICIO Y MOVIMIENTO

Toda reacción emocional organiza al cuerpo para moverse de una manera determinada. Y a la inversa, actividades físicas diferentes causan un efecto específico en nuestras emociones.

Podemos utilizar movimientos para liberar y expresar las emociones acumuladas. Correr, andar, remar, ejercicios aeróbicos y pedalear, son buenos ejemplos de ello y nos ayudarán a expresar emociones como el miedo y el estado de alerta asociado con el impulso de huir. El trabajo duro y el ejercicio esforzado suelen hacer que desaparezcan sensa-

Cuando se relajan los músculos faciales en un principio de sonrisa y se respira de forma regular, nos estamos acercando a un estado más relajado.

125

ciones de cólera y agresión. Hacer ejercicio nos aporta una sensación de bienestar y satisfacción.

CONTROLAR LOS CUATRO DESEOS INSTINTIVOS BÁSICOS

En el capítulo anterior hemos visto que existen cuatro deseos instintivos o necesidades básicas que influyen en nuestras emociones de forma importante: el instinto de autoconservación, de la comida, el sueño y el sexo. Gran parte de nuestra vida emocional está basada en las reacciones que se suscitan para colmar esos instintos básicos.

Con demasiada frecuencia, las emociones generadas por los cuatro instintos básicos resultan ser negativas. Al satisfacer uno o más de estos instintos pueden aparecer breves intervalos de felicidad. Pero por lo general, sufrimos conflictos emocionales relacionados con la alimentación, la seguridad, el sueño y el descanso, y la sexualidad. Un enfoque completo de la relajación emocional requiere que aprendamos a trabajar con estos instintos básicos.

Controlar los cuatro instintos básicos implica cuatro pasos: conocimiento, satisfacción, regulación y dominio. El primero, conocimiento, tiene que ver con estudiar y comprender el impulso del deseo de satisfacción del instinto. El segundo paso requiere utilizar este conocimiento para satisfacer el instinto básico por completo y eliminar el conflicto. Entonces nos hallaremos en situación de regular el impulso del instinto con un mínimo riesgo de crear conflicto emocional. Finalmente, con el domi-

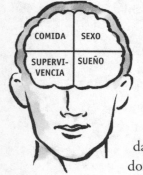

Al satisfacer uno o más de estos instintos pueden aparecer breves intervalos de felicidad.

nio nos liberamos del tirón emocional del impulso del deseo instintivo.

En el caso del deseo instintivo de comida, necesitamos empezar por comprender el proceso de alimentación. Entonces podremos escoger una dieta nutritiva y satisfactoria. Partiendo de esta base podremos regular el deseo instintivo de comida sin hacer que surjan emociones negativas. Podremos reducir nuestra comida o ayunar durante un día sin sentir ansiedad.

Mediante el dominio nos liberamos del conflicto emocional basado en la necesidad instintiva de colmar el deseo instintivo de comida. Nos sentimos felices cuando tenemos comida y desgraciados cuando carecemos de ella.

En el caso del deseo instintivo de dormir, la mayoría de las personas, y sobre todas aquellas que padecen tensión, pocas veces experimentan una buena noche de sueño. Y sin dormir bien por la noche, es probable que nos sintamos irritables, ansiosos, privados de algo y enojados. El dormir y las emociones negativas se hallan entrelazados. Cuando nos sentimos deprimidos dormimos más, nos cuesta levantarnos y estamos cansados todo el día. Con ansiedad, tenemos dificultades a la hora de conciliar el sueño y nos despertamos a lo largo de la noche.

El sueño es el momento en que nuestro cuerpo se recupera y rehace con respecto a las demandas del día. La mente descansa y los conflictos emocionales se resuelven. Algunas culturas consideran al sueño como un momento especial en el que nuestra parte espiritual vuelve a entrar en contacto con una fuente espiritual. El procedimiento completo para mejorar el sueño aparece en el capítulo 12, en «Relajación en la vida cotidiana».

El deseo sexual instintivo es más complejo porque implica una pareja. Hacer frente al deseo sexual instintivo nos pide no sólo que comprenda-

127

Cuando nos sentimos deprimidos dormimos más, nos cuesta levantarnos y estamos cansados todo el día.

A fin de obtener satisfacción sexual prolongada y profunda con un compañero, es necesario aprender el arte de la comunicación y la intimidad.

mos la fisiología del sexo, sino también la naturaleza de la comunicación de la pareja. A fin de obtener satisfacción sexual prolongada y profunda con un compañero, es necesario aprender el arte de la comunicación y la intimidad. Entonces será posible satisfacer el deseo sexual y disfrutar de emociones positivas como amor, felicidad y alegría, borrando todo rastro de preocupación, soledad y ansiedad.

Una pareja puede utilizar la comunicación para regular su vida sexual a fin de evitar el conflicto y las emociones negativas. Cuando se alcanza el nivel de dominio desaparece tanto la preocupación por el sexo como la represión del deseo sexual.

El instinto básico de autoconservación se manifiesta en primer lugar en la necesidad de proteger el ser físico. El instinto de autoconservación está profundamente arraigado y por ello, cuando nos sentimos amenazados, surge el miedo. Una vez que el miedo se encuentra en nuestro sistema emocional, se autoperpetúa. Vemos peligros por todas partes.

A la autoprotección se le puede aplicar la misma progresión que estudiamos en los otros tres deseos instintivos. El primer paso es conocernos a nosotros mismos. Necesitamos comprender quiénes somos. Luego podemos desarrollar fe en nosotros mismos, una fe que nos hará menos vulnerables al miedo.

Podemos superar nuestros miedos examinándolos para determinar si son reales. Necesitamos enfrentar nuestros miedos para que puedan desaparecer. Para reducir los miedos necesitamos utilizar los monólogos interiores tal como fueron descritos al principio del capítulo.

En ocasiones el deseo instintivo de autoprotegernos tiene mucho que ver con proteger el ego. Nos preocupamos acerca de nuestra posición en el trabajo, de nuestra aceptación por parte del vecindario, y del respeto que nos muestran los miembros de la familia. Los desafíos a nuestro ego conducen al miedo y la cólera.

El dominio del deseo instintivo de autoprotección aparece cuando nuestro propósito es tan claro y nuestro conocimiento del ser tan profundo, y nuestra sabiduría tan amplia, que no tenemos ningún miedo al avanzar por la vida.

129

HABLAR Y ESCUCHAR

La tensión emocional es más destructiva cuando está bloqueada en el interior durante meses y años. Los sentimientos negativos enterrados tienen efectos corrosivos sobre nuestra vida emocional, física y mental. Una de las maneras más sencillas y efectivas de tratar con ello es explicar nuestras sensaciones a alguien que sepa escuchar. Si goza de la bendición de contar con un amigo o compañero que pueda escuchar sin reaccionar ni juzgar, de un amigo en cuya presencia se sienta seguro y cómodo, entonces puede resultar de gran ayuda airear sus preocupaciones, ansiedades e inquietudes.

Los consejeros también pueden proporcionar una oportunidad a la hora de expresar los sentimientos. Una de las tareas primordiales de un terapeuta es proporcionar un espacio en el que las personas se sientan lo bastante se-

Explique sus sentimientos a alguien que sepa escuchar.

guras y cómodas para expresar sus sentimientos. Un terapeuta puede guiarle a explorar sentimientos y reacciones que puedan encontrarse más allá del alcance de su conciencia. Ello comporta la liberación de profundas tensiones emocionales y aumenta la autoconcienciación. Un terapeuta hábil puede ayudarle a descubrir muchas maneras de reducir la tensión emocional.

CONSEJOS PARA UNA BUENA PRÁCTICA

130

Los enfoques de la relajación emocional descritos pueden aplicarse tanto de forma sistemática como preventiva. Algunas de las técnicas, como respirar y trabajar con los monólogos interiores, pueden ayudarnos a manejar una crisis emocional. Otras técnicas, como la concienciación y el ejercicio, pueden tener un uso cotidiano a fin de cambiar nuestros patrones de tensión emocional. Trabajar en los cuatro instintos básicos puede ser parte de un cambio total de manera de vivir a fin de mejorar nuestra vida emocional.

Trabajar en los cuatro instintos básicos puede ser parte de un cambio total de manera de vivir a fin de mejorar nuestra vida emocional.

Si nos sentimos irritados o ansiosos, podemos usar las técnicas de respiración para estabilizar nuestro estado emocional. A continuación podemos examinar nuestros monólogos interiores y cambiar los pensamientos que nos provocan desasosiego.

Todos los enfoques de la relajación emocional están basados en la autoconciencia. Al desarrollar más conciencia de nuestras respuestas emocionales y emplear los métodos de relajación emocional, experimentaremos una mayor paz y tranquilidad. Estaremos listos para dar el siguiente paso: relajar la mente.

Capítulo ocho

La mente
y la tensión
mental

Nuestra mente está alojada en el cerebro, donde millones de neuronas, una miríada de neurotransmisores y toda una variedad de sistemas y estructuras cerebrales nos dan la capacidad de pensar, percibir, desear, sentir y recordar. Incluso contamos con la capacidad de ser conscientes de esas operaciones y de dirigirlas y controlarlas.

A nivel empírico, nuestra mente es nuestro compañero más constante y personal. Desde el instante en que nos despertamos empezamos a pensar, percibir y recordar. Nuestros pensamientos pueden ir desde deseos de dormir más hasta preocupaciones acerca de lo que tenemos que hacer a lo largo del día, y a recordar lo que sucedió ayer. Al mismo tiempo, nuestra mente percibe, cataloga y evalúa rápidamente todo tipo de información sensorial. Podemos oír cantar a los pájaros, oler el aroma del café y ver la luz de la mañana reflejándose en la pared.

Podemos utilizar la mente para aprender, investigar y crear. La mente nos ayuda a solucionar los problemas cotidianos y a forjar inventos y creaciones que pueden transformar el futuro. Con la mente podemos penetrar en los secretos de la naturaleza, explorar los misterios del pasado y sopesar el curso del futuro. La mente nos permite comunicarnos a través del tiempo y la distancia mediante el habla, la palabra escrita, la música y las imágenes.

Pero en ocasiones parece que no hay escape posible a la actividad mental. Al final del día, al tratar de abandonarnos al sueño, nuestra mente sigue corriendo a una velocidad endiablada, procesando pensamientos, imágenes y recuerdos, percibiendo cada sonido. Nos preocupamos por la familia y los amigos. Sentimos inquietud por los errores cometidos en el pasado y una culpabilidad y remordimiento que no podemos apartar de nosotros. Dudamos de nuestra propia valía y efectividad. Nos preocupa la salud física. Nos sentimos angustiados con respecto al futuro.

Por mucho que queramos distraernos con programas, películas y concursos televisivos, nuestra mente agitada continúa con nosotros. Por mucho que intentemos intoxicar, estimular o entontecer la mente con drogas y alcohol, nuestras preocupaciones continúan con nosotros. Cuando estamos solos emergen nuestras angustias. Cuando tratamos de dormir, las preocupaciones se adueñan de la mente y nos niegan el descanso que tanto ansiamos. En esas ocasiones da la impresión de que la mente se ha convertido en nuestro enemigo, en una sempiterna barrera que nos impide alcanzar la paz y la tranquilidad.

La mente también es la sala de control que crea tensión en el resto de los niveles del cuerpo. Piense en el dolor de cabeza, algo tan común. Empieza cuando la mente se llena de pensamientos sobre demasiadas cosas que hacer y no cuenta con el tiempo suficiente para llevarlas a cabo. Cuando esos pensamientos retumban en nuestra mente, nos vamos sintiendo cada vez más angustiados, incapaces, e incluso irritados. Esas emociones crean estragos en el sistema nervioso autónomo. La presión sanguínea sube, la respiración se acelera y los vasos sanguíneos de las manos se constriñen, empujando más sangre hacia la cabeza. Al mismo tiempo, los músculos de hombros, cuello y rostro se contraen y se tensan al prepararnos automáticamente para la acción. Con toda esa

Cuando tratamos de dormir, las preocupaciones se adueñan de la mente y nos niegan el descanso que tanto ansiamos.

conmoción en marcha, es fácil acabar padeciendo un machacador dolor de cabeza.

TENSIÓN MENTAL

La tensión mental crea dos condiciones distintas: una mente dispersa, distraída y descentrada; y una mente atascada y preocupada.

DISPERSA

Los pensamientos de una mente dispersa pasan de un tema a otro. Externamente, nos distraemos con ruidos, escenas, sensaciones e incluso con los olores que nos rodean. Internamente, los recuerdos, ideas, planes y fantasías saltan de manera continua en nuestra mente. No podemos concentrarnos.

La mente atascada repite una y otra vez los mismos pensamientos. Vemos y escuchamos la reposición de una discusión con un amigo o un miembro de la familia. Podemos sentir algún tipo de ansiedad específico respecto del futuro que no podemos apartar de la mente. Podemos tener los mismos pensamientos negativos sobre nosotros mismos dando vueltas en nuestra mente como un disco rayado.

ATASCADA

Cuando la mente está atascada, la percepción se bloquea. Cualquier sonido que resulte irritante —el tictac de un reloj, un perro ladrando o la música del vecino— puede atascarse en nuestra mente y ponernos los nervios de punta. Podemos sentir que hace demasiado calor o demasiado frío y pensar en ello continuamente. Puede haber un olor en el aire y ser incapaces de ignorarlo.

La mayor parte del tiempo, nuestro pensamiento se halla disperso y atascado. Mientras repetimos una y otra vez una discusión en primer plano, en el fondo del escenario nuestro pensamientos brincan recorriendo todas las cosas que tenemos que hacer. O bien nos consumimos en preocupaciones, distrayéndonos con cualquier sonido o escena que tiene lugar a nuestro alrededor.

La tensión creada por la mente dispersa y atascada provoca una serie de problemas. El primero de ellos es que perdemos de vista la conciencia del presente. Nuestra mente rebota adelante y atrás entre imágenes y pensamientos del pasado y preocupaciones y ansiedades en relación con el futuro. Al aumentar la tensión mental, solemos buscar refugio escapando en la fantasía, lejos de la realidad presente.

La tensión mental disminuye nuestra percepción. Cuando nuestra mente está dispersa y atascada no percibimos el mundo que nos rodea. No escuchamos lo que dice la gente.

La tensión mental también distorsiona nuestras percepciones. Cuando estamos irritados podemos pasar por alto información que nos mostraría otra visión, y hacer oídos sordos a otra perspectiva de la situación.

La tensión mental también afecta a la memoria. No podemos recordar información que sabemos está en nuestra memoria. No podemos asociar, organizar o clasificar información nueva de manera adecuada. En última instancia, la tensión mental tiene un efecto perjudicial sobre el razonamiento y la búsqueda de soluciones. Cuando nuestra mente se ha-

Cuando nuestra mente está dispersa y atascada no percibimos el mundo que nos rodea.

lla anclada en el pasado o bien flotando en el futuro, carecemos de los datos y los recursos necesarios para pensar con claridad. Estamos abocados a tomar decisiones impulsivas y desafortunadas.

LA MENTE RELAJADA

La mente relajada incluye cuatro cualidades esenciales.

La mente relajada cuenta con cuatro cualidades esenciales. La primera es que una mente relajada está centrada. En lugar de saltar de pensamiento en pensamiento, la mente descansa en un pensamiento o una percepción. Así podemos concentrarnos en profundidad en ese pensamiento o percepción.

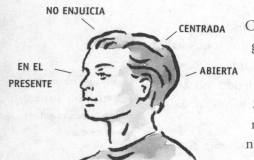

NO ENJUICIA

CENTRADA

EN EL PRESENTE

ABIERTA

En segundo lugar, la mente relajada permanece abierta. Cuando somos capaces de soltar las preocupaciones y angustias, nuestros pensamientos y percepciones son frescos e imparciales. Procesamos correctamente las reacciones sobre el comportamiento de las personas que nos rodean. Somos totalmente conscientes de nuestros propios pensamientos, emociones y reacciones, y estamos abiertos a nuestra propia naturaleza.

En tercer lugar, la mente relajada no enjuicia. Percibimos los pensamientos y emociones que rastrea nuestra conciencia, pero no reaccionamos frente a ellos. No juzgamos los pensamientos como buenos o malos. La mente relajada puede observar sin reaccionar.

En último lugar, la mente relajada está totalmente en el presente. Percibimos las sensaciones y percepciones del momento presente. Somos completamente conscientes de nuestras emociones y pensamientos.

Estas cuatro cualidades pueden parecer simples, pero de hecho apenas son experimentadas. Incluso unos pocos minutos de relajación mental pueden resultar transformadores.

Para entender mejor la naturaleza de la relajación mental, podemos comparar la mente a un lago. La tensión mental es como un lago turbulento. Las preocupaciones respecto de los problemas cotidianos crean oleaje. Las intensas corrientes de culpabilidad y conflicto todavía agitan más el agua. Los tributarios de la ansiedad en relación con el pasado y el presente ensucian todavía más el lago. Si se tira una piedra en este lago de aguas turbulentas, ni siquiera se notará. Así ocurre con muchos hechos: no pueden ser percibidos por una mente tensa.

Una mente relajada es como un lago de aguas tranquilas. No hay vientos de preocupación que agiten la superficie. Las únicas corrientes existentes son arroyuelos de inspiración que alimentan el lago desde el interior. Los tributarios de los recuerdos y las expectativas son absorbidos sin turbulencias.

Si se tira una piedra en una lago de agua tranquilas, enseguida se nota el chapoteo. Rápidamente se ven los anillos concéntricos que se alejan del punto de impacto. Y luego el lago regresa a la calma.

Una mente tranquila experimenta la vida de forma similar. Somos totalmente conscientes de los acontecimientos que tienen lugar en nuestro entorno. Observamos cómo aparecen y se desvanecen. Y entonces nuestra mente regresa a un estado de calma y equilibrio.

Cuando la mente está relajada, mejora nuestra manera de razonar y tomar decisiones. Somos más capaces de percibir la información im-

Una mente relajada es como un lago de aguas tranquilas. No hay vientos de preocupación que agiten la superficie.

Cuando la mente está
tranquila, salen a la
superficie capacidades
mentales latentes.

138

portante, de analizar un problema desde todos los ángulos, y de hallar soluciones eficaces. Cuando la mente está tranquila, salen a la superficie capacidades mentales latentes. Contamos con un conocimiento más inmediato y directo de las cosas. Tenemos acceso a nuestros considerables poderes intuitivos. La creatividad fluye de manera natural. Tenemos intuiciones acertadas y sentimientos intensos que aumentan nuestra capacidad de resolución a nuevos niveles.

La relajación mental también tiene efectos benéficos sobre todos los niveles del complejo cuerpo-mente. Cuando la mente está tranquila, nos sentimos más sosegados y alegres. Nuestro sistema nervioso autónomo se equilibra. Nuestros músculos se relajan.

Por desgracia, la mayoría de nosotros hemos tenido muy pocas experiencias sobre lo que significa una mente relajada. Lo máximo que podemos recordar son algunos momentos en que nuestra mente estuvo realmente tranquila. Puede haber sido durante un momento al sentarnos en una playa desierta, absortos en el sonido del viento y las olas y observando el fluir del oleaje. O puede que se tratase de un momento en el que nos hallábamos absortos en un proyecto de creación artística. Durante unos instantes, nuestra mente estuvo tranquila y libre de preocupaciones.

Podemos aprender a crear una mente relajada. Cuando nos damos cuenta de que la mente determina la manera en que experimentamos la vida, nos damos cuenta de que lograr la relajación mental debería ser una prioridad en nuestras vidas.

Capítulo nueve

Nivel IV:
Técnicas de relajación
mental

Las aproximaciones principales a la relajación mental son tres: enfoque sensorial, concentración y meditación.

ENFOQUE SENSORIAL

Tal como se perfiló en el capítulo anterior, cuando nuestra mente está relajada, somos conscientes de las escenas, sonidos y sensaciones que nos rodean. En consecuencia, podemos lograr la relajación mental enfocándola sobre una percepción sensorial específica. Podemos usar la percepción como herramienta para traer nuestra mente al presente.

Pensemos en lo que sucede cuando conducimos por el campo y presenciamos una puesta de sol espectacular. Olvidamos nuestras preocupaciones de inmediato. La mente está limpia de preocupación e inundada de alegría. Una hermosa composición musical escuchada en la radio del coche puede producir el mismo impacto.

Desgraciadamente, esas experiencias son poco frecuentes. Por lo general echamos un vistazo a la puesta de sol pero en realidad no la vemos. Y la música se ve ahogada por la tensión provocada por los monólogos interiores.

En cada una de esas situaciones, la percepción nos ofrecía la oportunidad de traer nuestra conciencia al presente, pero el tirón de la tensión mental era demasiado poderoso. Sin embargo, podemos aprender a utilizar la percepción para colocar la conciencia en el presente. Podemos seleccionar alguna vista, sonido o simplemente una actividad cotidiana para concentrarnos en ella y situar nuestra conciencia en el presente.

140

La clave es observar sin juzgar o reaccionar. Al abrirnos a una percepción sensorial, nuestra mente reacciona al presente, la respiración se tranquiliza y los músculos del rostro, del cuello y de los hombros se relajan. Nuestras emociones se calman.

Una buena técnica de atención sensorial con la que empezar es la denominada *Círculo de sonido*.

La práctica

Imagine que se halla en el centro de un reloj y que los números de la esfera representan todas las direcciones a su alrededor.

- Esta técnica puede practicarse tanto en el interior de una habitación como fuera, en un escenario natural. Puede practicarse en un espacio tranquilo o en un entorno ruidoso.
- Empiece por sentarse en una silla cómoda o bien por tenderse en el suelo. Tómese unos cuantos minutos para soltar cualquier tensión en el rostro y en el cuerpo. Utilice la respiración diafragmática y respire de manera regular y tranquila.
- Imagínese en el centro de un círculo de sonido. Si eso le ayuda, imagine que se halla en el centro de un reloj y que los números de la esfera representan todas las direcciones a su alrededor.
- Dése cuenta de los sonidos que le rodean. Localícelos. Localícelos en el reloj. Un sonido puede moverse de un punto a otro.
- Descríbase a sí mismo la calidad del sonido. ¿Es agudo o grave? ¿Es

constante o cambia? ¿Es un único sonido o son varios? ¿Es rítmico o irregular? ¿Es mecánico o natural?

- Describa el sonido. Trate de no juzgarlo, analizarlo o reaccionar. Si su mente se aleja con alguna asociación o recuerdo, hágala regresar al círculo de sonido. Siga barriendo el entorno para descubrir cualquier sonido nuevo que pudiera aparecer o cualquier tipo de sonido sutil que no hubiese percibido al principio.
- Practique esta técnica de cinco a diez minutos. Cuando haya acabado, respire profundamente varias veces, abra los ojos y observe lo clara y renovada que está su mente.

CONCENTRACIÓN

La concentración es el proceso de dirigir la atención a un único objeto. Durante la práctica de la concentración, la mente está enfocada en una cosa en lugar de saltar de objeto en objeto. Al igual que una mente dispersa y distraída indica tensión, una mente enfocada y centrada es señal de relajación.

La idea de que la concentración conduce a la relajación puede resultar sorprendente. Por lo general, cuando pensamos en concentración lo relacionamos con esfuerzo y trabajo. Cuando oímos la palabra «concentrado», podemos escuchar el eco de la voz paterna o de un profesor urgiéndonos a «concentrarnos» en nuestros deberes escolares. Para nuestra mente juvenil la concentración significaba trabajo duro. En realidad hace falta más energía mental para saltar de pensamiento en pensamiento.

Una mente enfocada y centrada es señal de relajación.

Si nuestra mente tiene el hábito de saltar de tema en tema, nos hará falta alguna práctica y esfuerzo para mantener la concentración. Al principio hay que ir poco a poco. No necesitamos forzarnos y crear más estrés mental.

El siguiente ejercicio de concentración empieza con la respiración como objeto de atención. Una respiración diafragmática regular y tranquila proporciona un objeto de concentración rítmico y tranquilizador. Puede leer las instrucciones, memorizarlas o bien grabarlas.

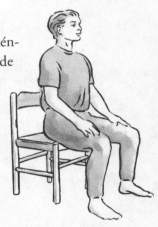

Doble las rodillas de manera que la planta de los pies descanse directamente sobre el suelo.

La práctica

- Una vez en el interior de una habitación tranquila y agradable, siéntese en el extremo de una silla que sea estable. Doble las rodillas de manera que la planta de los pies descanse directamente sobre el suelo. Ajuste su postura. Eche los hombros hacia atrás. Permita que la zona inferior de la espalda se arquee de manera natural. Alinee la cabeza de manera que las orejas estén en línea con los hombros y la zona inferior de la espalda. Mire de frente.

- Cierre los ojos. Espire por completo y a continuación inspire profundamente. Repítalo un par de veces. Deje que la respiración diafragmática se asiente tranquila y regular.

- A continuación inicie una breve relajación muscular. Lleve la conciencia a ambas manos y suelte cualquier tensión. Afloje y relaje

CONCENTRACIÓN
EN LA RESPIRACIÓN

los músculos de las manos. Ahora traslade la conciencia a las muñe-cas y a los antebrazos, y suelte y destense los músculos de los ante-brazos.

- Suelte en la parte superior de brazos y hombros. Suelte en el pecho, en los costados del torso y en el abdomen. Guíe su conciencia a la pelvis y suelte toda tensión innecesaria. Libere la tensión en las cade-ras y muslos. Suelte alrededor de las rodillas, pantorrillas, espinillas y tobillos. Lleve su atención a los pies, ablande y deje que se destensen los músculos de la parte superior y de la planta de los pies. Relaje los diez dedos de los pies.

144

- Lleve su conciencia a la parte inferior de la espalda y relaje cualquier tensión en esa zona. Suelte a ambos lados y a lo largo de la columna vertebral. Suelte alrededor de los omóplatos y hasta la zona de la nuca. Suelte en la parte de atrás de la cabeza, en la parte superior de la cabeza y en la frente. Afloje alrededor de los ojos, los músculos de la mandíbula, alrededor de los labios y la barbilla.

- Ahora lleve su atención de nuevo hacia la respiración. Establezca un ritmo de respiración diafragmática regular y tranquilo. Al espirar el abdomen se contrae suavemente. Al inspirar, relaje el abdomen y sienta fluir la respiración y que penetra profundamente en los pul-mones. La inspiración y la espiración deben ser parejas. Mantenga la regularidad en el flujo de la respiración. Elimine cualquier sacudida o parada.

- Ahora empiece a concentrar la mente en la inspiración y en la espira-ción. Al inspirar, observe la sensación del aire al penetrar por las fosas nasales. Ese flujo de aire puede ser frío y seco. Observe la sensación del aire al fluir hacia fuera con la espiración. Ese aire puede ser caliente y húmedo.

- Dirija su atención por completo a su respiración, a las inspiraciones y espiraciones. Sienta el aire frío y seco fluyendo hacia el interior y el más cálido y húmedo saliendo. Puede pensar para sí mismo: «Aire fresco y seco que entra; aire caliente y húmedo que sale». Mantenga la atención en la pauta y sensación de su respiración.

- Si alguna distracción interrumpe su concentración, deje ir la distracción y devuelva su atención a las inspiraciones y espiraciones, a la sensación del aire fresco y seco que entra y del aire caliente y húmedo que sale. Restablezca su concentración, dirija su atención al flujo de la respiración.

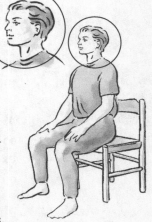

Compruebe el estado de los músculos del rostro para asegurarse de que no queda ninguna sensación de lucha o esfuerzo.

- Haga que esa experiencia resulta fácil y cómoda. Compruebe el estado de los músculos del rostro para asegurarse de que no queda ninguna sensación de lucha o esfuerzo. Afloje los músculos de la frente, alrededor de los ojos, de la mandíbula y de la parte inferior del rostro. Mantenga la respiración regular, suave, diafragmática y lenta.

- Concéntrese en la respiración durante un intervalo de tiempo que le resulte cómodo. Al principio, pueden ser de cinco a diez minutos. Más adelante, al ir incrementando su capacidad, podrá ser capaz de mantener la concentración durante veinte minutos o más.

- Cuando haya finalizado la sesión de concentración, respire hondo unas cuantas veces. Dirija la conciencia a los brazos y piernas.

Mueva manos y pies con suavidad. Levante las manos y cúbrase los ojos. Abra los ojos tras las manos y aparte éstas, haciendo que su conciencia regrese al mundo que le rodea.

- Tómese un momento para reflexionar sobre su estado interior. Mantenga la conciencia de la mente relajada al reanudar sus actividades cotidianas.

Abra los ojos tras las manos y aparte éstas, haciendo que su conciencia regrese al mundo que le rodea.

MEDITACIÓN

«Meditación» es una palabra aproximada para traducir la palabra sánscrita *dhyana*, que significa un flujo continuo de pensamiento hacia un objeto de concentración. El objeto de meditación puede ser una palabra, una imagen, un concepto o la respiración. Si el objeto de meditación es una palabra, se empieza concentrándose en esa palabra. Al ir profundizando la concentración, la mente fluye continuamente hacia esa palabra. Al profundizar en la meditación, la mente se absorbe totalmente en esa palabra.

Durante la meditación, el proceso de pensamiento se aquieta. La mente se calma, proporcionando un profundo descanso a la mente, con el resultado de que regresa al pensamiento fresca y revitalizada. La meditación es el método más adecuado para lograr relajación mental.

Existen varios malentendidos en torno a la meditación. A menudo, cuando escuchamos esa palabra, pensamos en la definición que aparece en el diccionario: «Pensar profundamente o reflexionar sobre alguna cosa». Pero aquí nos referimos a un proceso distinto de trabajar con la mente, no a un tipo de pensamiento. La meditación es un esfuerzo consciente para concentrar la mente de una forma no analítica y para alejarse del pensar en cosas.

Otro de los malentendidos surge de la asociación entre meditación y prácticas místicas o un tipo de vida ascético. Pero la meditación puede practicarse de manera efectiva por personas muy involucradas en los asuntos mundanos que quieren tener buena salud y sentir bienestar.

Las investigaciones llevadas a cabo demuestran de manera bien patente que cuando las personas tienen una práctica de meditación, su bienestar psicológico aumenta. Los meditadores experimentan un aumento de la autoestima, una disminución de la ansiedad y la depresión, niveles más elevados de autorrealización y una mejora de la salud en general.

La meditación es el método más adecuado para lograr relajación mental.

147

La práctica

- La práctica de la meditación implica un cierto número de pasos sistemáticos. Exploraremos cada uno de esos pasos ordenadamente.
- En primer lugar escoja un horario regular para meditar. De esa manera no deberá tomar una decisión cada día, sino que se formará un hábito positivo y su cuerpo y mente se prepararán de manera espontánea para meditar.

Escoja un sitio que
resulte agradable y
tranquilo, aireado y que
no se utilice para otros
menesteres.

148

- Por lo general, los momentos más adecuados para meditar son a primera hora de la mañana, o por la noche antes de meterse en la cama. Muchas personas prefieren levantarse un poco antes para meditar porque la mente todavía no está inundada de impresiones y el entorno es tranquilo. También puede ser de gran ayuda para limpiar la mente al final de la jornada de trabajo o bien por la noche antes de dormir.

- Deberá disponer de un lugar en su hogar reservado para la práctica de la meditación. Escoja un sitio que resulte agradable y tranquilo, aireado y que no se utilice para otros menesteres. Un rincón tranquilo de una habitación servirá. Con el paso del tiempo irá desarrollando una asociación con ese sitio y le parecerá la mar de natural sentarse allí para meditar.

- En segundo lugar, hay que tener en cuenta que es importante prepararse para meditar. Las siguientes pautas no deben considerarse como normas fijas, sino como pasos que pueden mejorar la calidad de la meditación.

- Darse una ducha o lavarse la cara y las manos antes de sentarse a meditar le ayudará a sentirse fresco y purificado. Resulta difícil meditar mientras el cuerpo está ocupado con la digestión, así que es mejor hacerlo antes de comer o tras una comida ligera. Deberá esperar varias horas tras una comida pesada.

- La indumentaria más conveniente es ropa suelta y cómoda. Quítese las gafas, el reloj de pulsera, las lentillas duras o cualquier cosa que le presione o apriete el cuerpo. Quítese los zapatos. Durante la meditación, la respiración y el metabolismo adquieren un ritmo más lento y tenderá a sentir un poco de frío. Ponerse una camisa de manga larga o una sudadera es una buena idea, así como echarse un chal o una manta ligera por encima de los hombros.

- Realizar unos cuantos estiramientos o ejercicios suaves puede ayudar a soltar el cuerpo y conseguir que sea más fácil sentarse a meditar. Algunas personas caminan un poco antes de meditar, asegurando que es una buena manera de que se aflojen los músculos y se normalice la respiración. Una sesión corta de relajación muscular puede liberar tensión y ayudarle a prepararse para meditar.

- En tercer lugar, la posición o postura de meditación es importante y debe permitirle estar cómodo y mantenerse firme, con la cabeza, el cuello y el tronco alineados. La postura debe predisponer a la atención y el equilibrio interior.

- Una postura muy conveniente es sentarse en una silla firme, tal como se describía en la sección dedicada a la concentración. Esta postura, denominada la *postura de la amistad*, puede ser adoptada cómodamente por una persona de cualquier edad y estado físico.

- Otra buena postura para meditar en la denominada *postura fácil*. Esta postura implica sentarse en el suelo y cruzar las piernas ante usted, de manera que la rodilla izquierda descanse sobre el pie derecho y la rodilla derecha sobre el pie izquierdo. Un cojín firme bajo las posaderas hará que resulte más fácil asumir la curva natural en forma de S de la espalda y por ello podrá sentarse con mayor comodidad. Una vez que haya alineado su cabeza, cuello y tronco, deberá colocar las palmas de las manos sobre las rodillas.

POSTURA FÁCIL

POSTURA AUSPICIOSA

• *La postura auspiciosa* es algo más difícil y requiere de una mayor flexibilidad. En esta postura, las piernas se acercan más al cuerpo y las rodillas se extienden más hacia fuera, creando una base firme y estable. Siéntese en el suelo, doble la pierna derecha por la rodilla y coloque la planta del pie derecho contra el muslo izquierdo. A continuación coloque el tobillo izquierdo bajo el tobillo derecho y la planta del pie izquierdo contra el muslo derecho. Ambos pies deberán estar colocados de tal manera que sólo se vea el dedo gordo. Coloque un cojín firme o una manta doblada bajo las posaderas para aumentar la comodidad de la posición y crear una curva natural en la zona inferior de la espalda. A continuación alinee la cabeza, el cuello y el tronco.

• El último paso es elegir el objeto de meditación. En las diversas tradiciones meditativas hay muchas elecciones. Los *mantras* son palabras o sonidos que pueden repetirse una y otra vez. Los *yantras* son formas geométricas cuyo papel es representar estados de conciencia positivos. También pueden utilizarse oraciones para meditar. Meditar siguiendo la respiración es una buena técnica para principiantes. Es el método sobre el que hace hincapié la tradición del budismo zen.

SUPERAR OBSTÁCULOS

Meditar parece fácil y sencillo. No obstante, al meditar podemos encontrar obstáculos y distracciones. Uno de esos obstáculos puede ser su propia tendencia a esforzarse e intentar conseguir resultados. Si nos forzamos a concentrarnos, no lograremos más que aumentar la tensión.

En la meditación, cuanto menos esfuerzos se hacen, más resultados se obtienen. Todo lo que tenemos que hacer al meditar es tranquilizar la mente. Cuando se ha logrado esa tranquilidad, se logran muchas cosas. El sistema nervioso adquiere un tono más equilibrado y el cuerpo descansa. En la inmovilidad de la postura accedemos a niveles más profundos del ser, lo cual nutre nuestro espíritu.

Los obstáculos pueden ser el resultado de pensamientos que penetran en nuestra mente durante la meditación. Podemos escuchar sonidos y percibir olores en nuestro entorno. Podemos darnos cuenta de la incomodidad de nuestro cuerpo. Esas distracciones son muy comunes. A menudo generan un tren de pensamientos y sensaciones que nos alejan del objeto de meditación.

A veces la incomodidad física es la manifestación de la inquietud mental. La mente se resiste a nuestros esfuerzos por concentrarla y se fija en algún picor o dolor nimios, magnificándolos hasta que nos vemos sobrepasados por la incomodidad. Si resulta que eso es lo que le sucede, clasifique esa incomodidad específica de manera desapasionada y regrese al objeto de meditación. Por lo general, esa incomodidad acaba desapareciendo.

En la meditación, cuanto menos esfuerzos se hacen, más resultados se obtienen.

151

Aprenda a observar las
«grandes ideas» con la
misma ecuanimidad con
que observa las
reacciones negativas.

152

La mejor manera de lidiar con las distracciones mentales es hacer que la atención regrese, de una manera suave, al objeto de meditación. Sólo tiene que darse cuenta de la distracción, soltarla, y volver a enfocar su conciencia sobre el objeto de meditación. Si los pensamientos que le distraen persisten, entonces puede clasificarlos, sin enjuiciarlos. Clasifique cada distracción como un pensamiento acerca del pasado o sobre el futuro.

El categorizar los pensamientos que nos distraen nos permiten presenciarlos de una manera objetiva y soltarlos. Poco a poco, nuestra mente se irá calmando, las distracciones serán menos frecuentes y nuestra meditación profundizará.

Al sosegar la mente pueden surgir ideas innovadoras y soluciones creativas. También tenemos que soltar esas ideas. Si pensamos en ellas una vez volverán a nosotros cuando las necesitemos. Aprenda a observar las «grandes ideas» con la misma ecuanimidad con que observa las reacciones negativas. Suéltelas y regrese a concentrarse en la respiración.

Cuando meditamos, de vez en cuando puede aparecer en nuestra conciencia un recuerdo muy vivo de un acontecimiento traumático. Podemos responder a ese recuerdo con emociones muy intensas. Podemos reaccionar, juzgar y analizarlo. La aparición de material suprimido hasta entonces puede ser una señal de que la meditación está ayudando a limpiar y purificar la mente. Al igual que con el resto de las distracciones, podemos observar el acontecimiento, darnos cuenta de nuestra respuesta y luego volver a concentrarnos en la respiración.

Siempre que suelte una distracción y regrese a la respiración o a cualquier otro objeto de meditación, compruebe su postura. Asegúrese de que la cabeza, el cuello y el tronco se encuentran alineados, que los músculos faciales están relajados y sueltos y que la respiración es regular. Permítase el inicio de una sonrisa en el rostro. Suelte cualquier contracción en hombros y cuello.

A veces la meditación resulta sorprendente. Cuando nos sentimos con la mente clara y enfocada, podemos creer que la sesión de meditación será tranquila, sólo para acabar descubriendo el caos interior. Otros días en los que nos hallamos tan estresados que nos tenemos que empujar a meditar, podemos encontrar rápidamente una gran calma y tranquilidad interiores. Lo mejor es hallarse libre de expectativas.

El efecto de la meditación es acumulativo. Cada vez que meditamos establecemos un sendero en la mente. Con cada sesión, el sendero se hace más profundo y despejado, permitiéndonos un más fácil acceso al estado meditativo.

ALENTAR LA MEDITACIÓN

Hay varias cosas que puede hacer para alentar su práctica meditativa diaria. La primera de todas es que si hace que su meditación sea agradable y placentera, entonces querrá más.

La segunda cosa es que necesita contar con un cierto grado de compromiso y autodisciplina. Alcance un compromiso personal para meditar diariamente. Empiece por el compromiso de meditar treinta días. Reserve veinte minutos al día para meditar. Se dará cuenta de que en

153

También puede fortalecer
su meditación practicando
la «meditación en acción».

154

realidad está ganando tiempo, ya que necesitará dormir menos y estará más alerta y productivo durante el día.

La inspiración puede ayudarle a mantener el compromiso. Son muchos los libros de las diversas tradiciones meditativas que describen fascinantes experiencias personales de personas dedicadas que han seguido el camino de la meditación. Leer esos libros puede ayudarle a fortalecer su decisión de meditar. Aprender más acerca de la respiración, concentración y otros enfoques de la meditación pueden dar más profundidad a su práctica.

También puede fortalecer su meditación practicando la «meditación en acción». Al conducir el coche, lavar los platos, segar la hierba del jardín, hablar de negocios con un socio, o al ocuparse del papeleo, mantenga parte de su atención centrada en el objeto de meditación. Eso actúa como un referente de tranquilidad para la mente. Le ayuda a mantener la continuidad y la conexión con el estado meditativo. Confiere una sensación de equilibrio y sosiego en la vida cotidiana.

Capítulo diez

El nivel

espiritual

La espiritualidad es el nivel de la experiencia humana más fascinante y a la vez el más difícil de describir y definir. Las preocupaciones espirituales son una parte central de la vida; no obstante, no existe una ubicación física identificable donde residan nuestras sensibilidades espirituales. Pero en nuestros corazones y nuestra mentes sabemos que la dimensión espiritual de la vida es importante y real.

¿QUÉ ES LA ESPIRITUALIDAD?

¿Cuáles son los temas recurrentes de la vida espiritual de la humanidad? En primer lugar, se cree en un aspecto de la vida que está más allá de lo ordinario, más allá de los acontecimientos cotidianos, más allá de lo que pueda ser medido o pesado: una dimensión sagrada.

Esta dimensión sagrada se considera imbuida con cualidades que influencian y dirigen el curso de los acontecimientos cotidianos. Algunas culturas creen que las fuerzas espirituales provocan la lluvia, el viento, el sol, las estaciones. En las culturas hinduistas se siente que los diversos dioses y diosas influyen en aspectos específicos de la vida, como la agricultura, la guerra, los negocios, el amor o la política. En las religiones monoteístas, el poder espiritual radica en un ser esencial conocido como Dios. Dios es considerado trascendente y, no obstante, íntimamente implicado en los asuntos humanos.

Algunas prácticas religiosas incluyen rituales para conseguir favores y aplacar las fuerzas espirituales del entorno. Los chamanes entran en estados de trance para recibir guía espiritual directa. Muchas religiones ofrecen sacrificios para solicitar la intervención favorable de un dios determinado. Para la sociedad occidental resulta más familiar el desarrollo de una relación con dios.

La mayoría de las tradiciones espirituales cuentan con un código de comportamiento moral. En el Antiguo Testamento, Moisés dio a su pueblo los Diez Mandamientos para ayudarles a que distinguiesen entre el bien y el mal.

Las tradiciones espirituales también se preocupan por el desarrollo del potencial humano. Las escrituras suelen presentar una imagen y un ideal sobre cómo convertirse en una persona completa y cumplir el propósito de cada uno en la vida. La mayoría de las tradiciones espirituales también presentan una historia sobre la creación, sobre cómo empezó el mundo. Y las tradiciones espirituales ayudan a las personas a comprender y enfrentarse a la muerte.

TENSIÓN ESPIRITUAL

La tensión espiritual es la clase de tensión más sutil y, sin embargo, la más perjudicial. Provoca profundos conflictos en la mente, persistentes emociones negativas y tensión en el sistema nervioso. La tensión espiritual mora en lo más profundo de nuestro ser, debilitando nuestra capacidad de hacer frente a la vida y disminuye nuestra vitalidad y creatividad.

Los principales síntomas de tensión al nivel espiritual son sensación de desconexión, alienación, vacío y aislamiento. La vida tiene poco sentido, los placeres parecen haber desaparecido, y no hay nada que esperar

La mayoría de las tradiciones espirituales cuentan con un código de comportamiento moral.

157

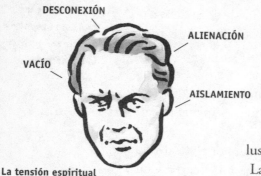

DESCONEXIÓN

ALIENACIÓN

VACÍO

AISLAMIENTO

La tensión espiritual conduce al cinismo.

con ilusión. La vida se ha convertido en una cuestión de pasar el tiempo.

La tensión espiritual conduce al cinismo. Empezamos a creer que el interés egoísta es la única motivación que mueve a las personas. También podemos llegar a creer eso de nosotros mismos. Las instituciones cívicas y sociales nos han desilusionado. Y se nos hace difícil creer en algo.

La desilusión lleva a una falta de sentido y dirección en la vida. En consecuencia, no nos sentimos llamados a desempeñar ningún papel en la vida, tanto si se trata de un papel familiar, social, religioso o vocacional.

Sin perspectiva espiritual podemos carecer de una serie de pautas de comportamiento que sostengan nuestra conciencia personal. Podemos llegar a creer que no hay bien ni mal, y comportarnos como si nuestra única guía fuese nuestro propio interés personal.

Sin el refuerzo y el aliento de un camino espiritual, podemos acabar comportándonos de una manera que entre en conflicto con nuestros valores más profundos. Con el tiempo, la sensación de culpabilidad se va acumulando en nuestra psique.

Cuando existe tensión al nivel espiritual, estamos separados de cualquier guía proveniente de un nivel superior. No contamos con ninguna aportación espiritual que nos ayude a tomar decisiones difíciles, que nos apoye cuando pasamos temporadas duras o que nos guíe a la hora de elegir el mejor camino de desarrollo personal.

RELAJACIÓN ESPIRITUAL

La relajación espiritual implica algo más que reducir la tensión. Es integradora y positiva. Sólo viene a través de la experiencia espiritual directa. Las experiencias espirituales están basadas en la fe y la confianza y las alientan. Al crecer la fe y la confianza, somos capaces de participar en prácticas espirituales como la oración y el rendir culto. Podemos organizar nuestras vidas alrededor de pautas éticas y abrazar un sistema que aliente el desarrollo de nuestro potencial más elevado. Contaremos con un sistema de creencias que nos ayudará a comprender y a habérnoslas con nuestra propia muerte y con la de aquellos a los que amamos.

Existen muchos tipos de experiencias espirituales, que van desde un momento de paz durante la oración a un instante transcendente mientras se observa la belleza de la naturaleza. Las experiencias espirituales pueden aparecer durante el sueño, en la oración, a través de las compañías, cantando, leyendo y estudiando las sagradas escrituras o bien mediante la contemplación y la meditación. Estas experiencias nos confieren la capacidad de comunicarnos y relacionarnos con un poder o espíritu que está, a la vez, más allá de nosotros y en nuestro propio interior.

En algunas culturas tradicionales, los períodos solitarios de ayuno, meditación y oración intensa predisponen a tener una visión durante la que se recibe guía espiri-

159

La relajación espiritual implica algo más que reducir la tensión.

GUÍA

CONFIANZA

PROPÓSITO

FE

DESARROLLO PERSONAL

tual. Esas experiencias profundizan nuestra conciencia de la existencia de una pauta más grande que nosotros y de una dimensión profunda de la vida. Nuestras vidas cobran un significado más amplio. Sentimos una unión con el fondo espiritual de la vida, una sensación de conexión que sobrepasa cualquier sensación de aislamiento y desamparo. Tenemos la sensación de ser sostenidos y ayudados en el viaje de la vida.

Otra dimensión de la relajación espiritual es la emergencia de un sentido y dirección en nuestra vida. Sentimos que tenemos un papel que desarrollar, una tarea que completar y deberes que llevar a cabo. Al progresar en nuestro crecimiento espiritual, podemos sentirnos inspirados a alcanzar metas, a aceptar ciertos desafíos, a abordar problemas e injusticias existentes en el mundo. Con integración espiritual comprendemos que estamos satisfaciendo un destino más grande que nosotros mismos.

Interiorizar pautas éticas y prácticas refuerza nuestra conciencia, otorgándonos claridad para discernir entre lo correcto y lo incorrecto. Al vivir de acuerdo con esas pautas, nuestra voluntad se refuerza. Nuestra mente y emociones no se ven debilitadas por el conflicto.

EFECTOS DE LA RELAJACIÓN ESPIRITUAL

Las personas con profundas creencias espirituales pueden enfrentarse mejor a diversos sucesos estresantes. Son más resistentes. Parecen sentirse apoyadas para lidiar con las dificultades de la vida. Cuentan con una capacidad mayor para percibir las situaciones difíciles como una llamada al crecimiento espiritual.

La relajación espiritual tiene un efecto beneficioso sobre el bienestar emocional. Las personas con profundas creencias espirituales sufren de depresión y ansiedad en menor proporción. Una vida orientada espiritualmente tiene un impacto positivo en la salud física, disminuye la presión arterial, las posibilidades de contraer una enfermedad cardiovascular y el cáncer. Esos efectos beneficiosos se hacen visibles cuando las personas perciben el reino espiritual como una fuente de amor y compasión.

La relajación espiritual activa el proceso de autorrealización. Es probable que las personas con un enfoque espiritual se preocupen menos por las necesidad fisiológicas y de seguridad, ya que cuentan con la fe de que sus necesidades serán colmadas. Eso les libera de la tarea de dedicarse a la consecución de ideales y propósitos externos.

La relajación espiritual aumenta la posibilidad de tener lo que el famoso psicólogo Abraham Maslow denominó *experiencias cumbre*. Son momentos de integración espiritual, de claridad y de conciencia. En una experiencia cumbre se manifiesta la naturaleza trascendente y sagrada de la vida, y se percibe la unidad subyacente tras la complejidad y las contradicciones de la vida. Las experiencias cumbre alientan el proceso de autodesarrollo.

Las experiencias cumbre verifican de manera espectacular la realidad del nivel espiritual. Refuerzan la confianza y la fe. Hacen cambiar

Las personas con profundas creencias espirituales sufren de depresión y ansiedad en menor proporción.

161

En una experiencia cumbre se manifiesta la naturaleza trascendente y sagrada de la vida.

la propia perspectiva respecto del propio ser y de la naturaleza del mundo. Esas experiencias nos abren a una perspectiva espiritual más profunda.

Los efectos de la relajación y de la integración espiritual son profundos. La relajación espiritual opera al nivel más sutil, y no obstante, influye en todos los demás niveles. Exploremos los diversos enfoques de la relajación espiritual.

Capítulo once

Nivel V:
Técnicas de relajación
espiritual

La relajación espiritual tiene lugar a través de la experiencia directa y significativa de lo sagrado. Los métodos descritos a continuación son comunes a muchas religiones y tradiciones espirituales. El formato y contenido de cada método puede diferir, pero el intento de entrar en relación con el nivel espiritual es el mismo.

VENERACIÓN

La veneración es la expresión más elevada de fe y devoción. Veneración es el núcleo central de toda religión. Puede significar asistir a un servicio religioso en una iglesia, templo o mezquita. O puede ser una práctica diaria frente a un altar en casa.

En la religión organizada, la veneración tiene lugar en el contexto de un credo y una teología desarrollados. La veneración puede incluir el estudio de las escrituras sagradas, presentar ofrendas y participar en los sacramentos. La veneración implica honrar al Divino. Eso puede darse en forma de palabras o cantos, o también puede llevarse a cabo a través de acciones realizadas en un espíritu de devoción. La oración suele ser uno de sus principales componentes.

La veneración acostumbra tener lugar en momentos específicos. Puede ser semanal, como ocurre en los servicios religiosos de las iglesias cristianas o del sabat judío. O también puede darse en momentos concretos a lo largo del día, como sucede para los musulmanes. Puede ser formal o estructurada, como en la misa católica, o informal y fluida, como en una reunión comunitaria. La veneración puede ser pública o privada.

La veneración es la categoría más amplia de la experiencia espiritual. Contiene todos los métodos explicados a continuación. Todos contamos con la oportunidad de convertir la veneración en una prioridad en nuestra vida, de dedicar un tiempo diario o semanal al camino espiritual, y de aumentar el proceso de relajación espiritual.

ORACIÓN

La oración es una parte fundamental de todas las religiones y tradiciones espirituales. La palabra «orar» proviene de la palabra latina que significa «pedir». Orar es pedir. También es una manera de abrirnos a la humildad y la compasión.

165

Existen muchas formas de oración. Existen oraciones de agradecimiento y de veneración. También hay oraciones de confesión. Y existen oraciones de petición mediante las que pedimos ayuda para nuestras necesidades. Entre ellas pueden estar las oraciones que piden salud, beneficios materiales o cualidades personales como valor, compasión, o gracia. Podemos pedir la guía divina para que nos ayude a tomar importantes decisiones en la vida. Podemos también interceder en nombre de otros.

Es importante la manera en que se reza. Nuestras oraciones deben ofrecerse con total atención, en un espíritu carente de toda expectativa, pero lleno de confianza, fe y devoción. No es suficiente con repetir las palabras de una oración. San Agustín, uno de los primeros padres de la Iglesia cristiana, escribió: «La verdadera oración no es nada más que amor».

Nuestras oraciones deben ofrecerse con total atención, con un espíritu carente de toda expectativa, pero lleno de confianza, fe y devoción.

166

Los estudios sugieren que la oración opera a través de la distancia y el espacio y que el terreno espiritual es único.

Confiar también es importante. En el Nuevo Testamento, Jesús habló de ello: «Os digo que cualquier cosa que pidáis en la oración, creed que ya la habéis recibido y será vuestra». En otras palabras, cuando más fuerte es la confianza, más poderosa la oración.

Los efectos de la oración han recibido una creciente atención por parte de científicos y profesionales de la asistencia sanitaria. El doctor Larry Dossey, autor de dos libros sobre el papel de la oración en la sanación y la medicina, comenta que existen más de 130 estudios científicos que demuestran los efectos benéficos de la oración. En uno de esos estudios un grupo de pacientes que sufrían dolencias coronarias y que rezaban, mostraron una mejoría mayor que los que no lo hacían. En experimentos controlados en laboratorio, la oración demostró tener efectos beneficiosos sobre jerbos pequeños, la germinación de semillas, ratas, ratones, bacterias y hongos.

Esos estudios sugieren que la oración opera a través de la distancia y el espacio y que el terreno espiritual es único. Al contrario que en el mundo material, donde opera el principio de causa y efecto, algo más sutil parece estar en marcha en la dimensión espiritual. Parece estar claro que el espíritu con el que se realiza una oración influye en sus efectos. Las oraciones ofrecidas con compasión, empatía y amor son las más poderosas.

La
práctica

La oración puede practicarse de pie, sentado, andando o de rodillas. La posición sentada o arrodillada facilita la inmovilidad y la concentración. Una posición erguida implica una actitud de reverencia y respeto. Inclinar la cabeza hacia delante expresa humildad. Las oraciones pueden ser recitadas en voz alta, en voz baja o bien ofrecidas en silencio.

A continuación aparecen oraciones de diferentes tradiciones espirituales del mundo. Estas oraciones pueden repetirse cada día o ser incluidas en momentos de veneración regulares. Algunas de ellas nos inundan de paz y serenidad. Otras ofrecen protección y guía. Algunas inspiran compasión y esperanza; otras refuerzan nuestro sentido de propósito.

Paz y serenidad

Que la paz de Dios, que traspasa toda comprensión, mantenga vuestros corazones y mentes en el conocimiento y el amor de Dios, y de su hijo Jesucristo nuestro Señor. Y que la bendición de Dios todopoderoso, Padre, Hijo y Espíritu Santo, esté con todos vosotros para siempre.

Book of Common Prayer[7]

7. Patrick Cotter, *How to Pray* (Globe Communications Corp., Boca Raton, 1996), p. 63.

Dios mío, concédeme serenidad para aceptar las cosas
   que no puedo cambiar;
coraje para cambiar lo que puedo; y sabiduría para conocer
   la diferencia.
Vivir día a día;
disfrutar momento a momento;
aceptar las dificultades como un camino hacia la paz;
aceptar este mundo pecador tal como es, no como me gustaría que fuese;
confiar en que tú lo arreglarás todo si
me rindo a tu voluntad;
que sea razonablemente feliz en esta vida
y enormemente feliz contigo para siempre en la próxima.

Atribuida a Reinhold Niebuhr[8]

Que haya paz en las regiones más elevadas; que haya paz en el firmamento; que haya paz en la tierra. Que las aguas fluyan en paz; que las hierbas y plantas crezcan en paz: que todos los poderes divinos nos traigan la paz. El supremo Señor es paz. Que todos estemos en paz, paz y sólo paz; y que la paz penetre en cada uno de nosotros.

Los Vedas[9]

8. David Schiller (comp.), *The Little Book of Prayers* (Workman Publishing, Nueva York, 1996), p. 316.

9. George Appleton (comp.), *The Oxford Book of Prayer* (Oxford University Press, Nueva York, 1985), p. 285.

Guía

Señor, haz de mí instrumento de tu paz.
Donde exista odio, déjame sembrar amor.
Donde exista perjuicio, perdón.
Donde exista duda, fe.
Donde exista desesperación, esperanza.
Donde exista oscuridad, luz.
Donde exista tristeza, alegría.

Oh Divino Maestro, concédeme que no
    busque ser consolado sino consolar,
    ser comprendido sino comprender,
    ser amado sino amar.

Porque es dando como recibimos,
    es perdonando como somos perdonados,
    y es muriendo como nacemos a la vida eterna.

San Francisco de Asís[10]

169

Condúceme de lo irreal a lo Real,
de la oscuridad a la Luz,
de la muerte a la Inmortalidad.
Om, Paz, Paz, Paz.

Upanishads[11]

10. Schiller (comp.), *The Little Book of Prayers*, p. 192.

11. Yogiraj Sri Swami Satchidananda, *Integral Hatha Yoga* (Holt, Rinehart and Winston, Nueva York, 1970), p. XXIX.

Oh, Padre Cielo, escúchanos y haznos valientes.

Oh, Madre Tierra, escúchanos y danos alimento.

Oh, Espíritu del Este, envíanos tu sabiduría.

Oh, Espíritu del Sur, que podamos recorrer tu sendero de vida.

Oh, Espíritu del Oeste, que siempre estemos listos para emprender el largo viaje.

Oh, Espíritu del Norte, purifícanos con tus vientos purgativos.

Oración siux[12]

La bondad y la misericordia del Señor me seguirán
todos los días de mi vida;
y moraré en la casa de Yahvé para siempre.

Salmo 23[13]

Protégeme, oh Señor:
mi barca es muy pequeña y tu mar tan grande...

Oración del pescador[14]

12. Schiller (comp.), *The Little Book of Prayers*, p. 204.

13. *The New King James Bible, New Testament* (Thomas Nelson Publishers, Nashville, 1980), p. 510.

14. Barbara Greene y Victor Gollancz, *God of a Hundred Names* (Doubleday & Company, Nueva York, 1962), p. 69.

Ahora que ha caído la noche,
a Dios, el Creador, dirigiré mi oración,
sabiendo que me ayudará.
Sé que el Padre me ayudará.

Dinka, Sudán[15]

Creer y tener fe
Creo en el sol aun cuando no brilla.
Creo en el amor aun sin sentirlo.
Creo en Dios incluso cuando guarda silencio.

Oración judía[16]

171

Dios es el Eterno, es sempiterno y no tiene fin. Es sempiterno y
eterno. Ha pasado por un tiempo sin fin y existirá para toda la
eternidad.

Antiguo Egipto[17]

15. Appleton (comp.), *The Oxford Book of Prayer*, p. 351.
16. Schiller (comp.), *The Little Book of Prayers*, p. 308.
17. Greene y Gollancz, *God of a Hundred Names*, p. 271.

Oh, Tú que estás en casa
en lo profundo de mi corazón.
Permite que me una a ti
en lo profundo de mi corazón.

Talmud[18]

Alabanza y acción de gracias

Bendito seas, oh Señor nuestro Dios, Rey del Universo, que creas de nuevo el mundo cada mañana.

Oración judía contemporánea[19]

Dios es la luz de los cielos y la tierra. Su luz puede compararse a un nicho que encierra una lámpara, una lámpara en el interior de un cristal que brilla como una estrella. Está encendido por un bendito olivo ni oriental ni occidental. Su aceite brillaría aunque ningún fuego lo tocase. Luz sobre luz; Dios guía hacia su Luz a quien Él quiere.

18. Schiller (comp.), *The Little Book of Prayers*, p. 195.
19. Greene y Gollancz, *God of a Hundred Names*, p. 19.

Dios habla en parábolas a la humanidad. Dios conoce todas las cosas.

Sura XXIV del Corán[20]

Con tus pies camino,
camino con tus extremidades,
llevo tu cuerpo.
Tu mente piensa para mí.
Tu voz habla por mí.
La belleza está frente a mí.
Y la belleza está detrás de mí.
Por encima y por debajo se cierne lo bello.
Me rodea.
Estoy inmerso en ello.
En mi juventud soy consciente de ello.
Y en mi vejez caminaré tranquilamente
por la hermosa senda.

Oración navajo[21]

20. N. J. Dawood (trad.), *The Koran* (Penguin Books, Nueva York, 1997), p. 249.
21. Schiller (comp.), *The Little Book of Prayers*, p. 21.

Nuestra madre tierra, respira vida
    mientras duerme por la noche;
    ahora se despierta,
    para ver el amanecer
    por el este.
Nuestra madre tierra, respira y despierta,
    las hojas se agitan,
    todas las cosas se mueven,
    cuando llega el nuevo día
    y la vida se renueva.

Oración pawnee[22]

Compasión

Que todos los seres tengan felicidad y las causas de la felicidad;
que todos estén libres de pesar, y de las causas del pesar;
que nunca se vean separados de la sagrada felicidad que está carente
    de pesar;
que todos vivan con ecuanimidad, sin demasiado apego y sin
    demasiada aversión.
Y que vivan creyendo en la igualdad de todo lo que vive.

Oración budista[23]

---

22. Schiller (comp.), *The Little Book of Prayers*, p. 152.
23. Schiller (comp.), *The Little Book of Prayers*, p. 121.

Aunque los seres son innumerables, prometo salvarlos a todos;
aunque las pasiones son inagotables, prometo extinguirlas todas;
aunque el dharma es vasto e insondable, prometo realizarlo por completo;
aunque el camino del Buda es insuperable, prometo recorrerlo hasta el final.

Oración zen para después de la meditación[24]

Además de esas oraciones estructuradas, también puede ofrecer su propia oración de acción de gracias, para pedir perdón o ayuda y guía para usted mismo y para otras personas. Deje que la oración fluya de su corazón de manera espontánea. No se preocupe por elegir las palabras correctas. Sólo tiene que decir la oración en presente, concentrarse en el significado y rezar con fe.

CONTEMPLACIÓN

«Contemplar» significa mirar algo con atención, considerarlo cuidadosamente y de manera prolongada. Como práctica espiritual, la contemplación es un método para reflexionar en una verdad religiosa a fin de alcanzar una comprensión personal y amarla por lo que significa.

Una persona puede contemplar una línea o un fragmento de unas escrituras. Al memorizar y repetir la frase, al principio tratará de asir el significado de la frase, de comprenderla intelectualmente. Al profundizar en

> Deje que la oración fluya de su corazón de manera espontánea. No se preocupe por elegir las palabras correctas.

175

---

24. Appleton (comp.), *The Oxford Book of Prayer*, p. 357.

la contemplación, el ser interior, el propio corazón y los propios sentimientos se ven atrapados por el significado más profundo de la frase.

La palabra «contemplación» proviene de la raíz latina *com*, que significa «con» y *templum*, «un espacio para observar augurios». En la contemplación nos convertimos en un lugar donde se puede observar el nivel espiritual. Alineamos nuestra vida con lo sagrado.

Las diversas tradiciones espirituales han desarrollado varios tipos de contemplación. En la tradición cristiana se utilizan pasajes de la Biblia o iconos de Cristo o de diversos santos como objetos de contemplación.

En los ejercicios espirituales desarrollados por san Ignacio de Loyola la mente visualiza un episodio de la vida de Cristo. Al emplear todos los sentidos, se ve, escucha y siente el episodio, penetrando en la escena como testigo, luego como participante, inundándose el corazón y la mente en ella.

En la rama tántrica del budismo, los aspirantes contemplan complejas figuras geométricas conocidas como *mandalas*. Estas formas cuidadosamente construidas mediante triángulos, círculos y rectángulos están diseñadas para representar el orden sagrado del cosmos. Son descripciones o diagramas de la dimensión espiritual, un método de transformación espiritual. Al contemplar un mandala uno se queda totalmente absorto en él, se va más allá de una visión científica y materialista del mundo, más allá de la comprensión intelectual de lo sagrado, hacia una experiencia directa de ello.

Existe una considerable libertad para escoger objeto de contemplación. Tal como se ha mencionado un poco antes, una línea de las escrituras, una tesis filosófica, una imagen de Cristo, las palabras de un maestro

Una línea de las escrituras, una tesis filosófica, una imagen de Cristo, las palabras de un maestro son objetos de contemplación adecuados.

son objetos de contemplación adecuados. Sólo necesita contar con un rato tranquilo, libre de interrupciones y examinar el objeto de contemplación.

MEDITACIÓN

En el capítulo 9 hablamos de la meditación como un método para disminuir la tensión mental. Pero la meditación también puede ser una práctica espiritual profunda. Mientras que la contemplación se acerca a lo sagrado llenando la mente y el corazón con una imagen del ideal, la meditación tranquiliza y vacía la mente y por tanto abre al ser a la impresión de lo sagrado. En la meditación, cuando aquietamos el proceso de pensamiento y calmamos las emociones, la mente y el corazón se convierten en un receptáculo espiritual.

Cuando meditamos de manera regular y desarrollamos una cierta habilidad para sosegar la mente, los impulsos espirituales impregnan la mente y el corazón. Nuestra comprensión de la vida va adquiriendo una perspectiva espiritual cada vez más amplia. Veremos que cada vez nos sentimos más atraídos, de forma natural, hacia otras prácticas espirituales que profundizan la integración y relajación espirituales.

Algunas formas de meditación cuentan con un elemento de contemplación. Eso tiene lugar cuando utilizamos una frase o mantra específicos para enfocar la mente. El objeto de meditación es a la vez un punto de enfoque para calmar la mente y una semilla espiritual que crece y florece con cada repetición.

En el cristianismo se utiliza para meditar la oración de Jesús. La oración:

177

«Señor Jesucristo, ten piedad de mi alma» se repite de manera silenciosa y coordinada con la respiración. La mente se centra y sosiega al profundizar la concentración. Con cada repetición, nuestra conciencia se va moldeando para apreciar la súplica espiritual expresada en esta oración. Al calmar y sosegar la mente va creciendo en nuestro interior una visión de lo sagrado.

En la tradición del yoga existe una ciencia de los mantras. Se cree que algunos mantras son apropiados para ciertos temperamentos y personalidades y que producen unos efectos específicos, mientras que otros son más generales y pueden ser utilizados con provecho por cualquiera. Un ejemplo de mantra general es *so hum*, donde el sonido *so* se escucha en la inspiración y *hum* con la espiración. Este mantra quiere decir «yo soy eso».

SENDEROS HACIA LO SAGRADO

Existen otros muchos senderos hacia lo sagrado. El servicio compasivo hacia los demás puede ser una práctica espiritual. Ayudar a los pobres, trabajar por la justicia social, enseñar y sanar son formas de servicio compasivo. Una peregrinación a un lugar sagrado e inspirador es una forma de experimentar el misterio de lo sagrado. El arte, la música y la escritura pueden ser formas de expresión y exploración espirituales.

El arte, la música y la escritura pueden ser formas de expresión y exploración espiritual.

Este capítulo no pretende proporcionar una lista completa de todos los senderos, sino ofrecer al lector ejemplos de los caminos espirituales más utilizados. El desafío radica en imbuir de conciencia nuestra vida cotidiana. Cuando lo logramos, desarrollamos un profundo sentimiento de paz, una fuerte sensación de conexión, de visión y de sentido en nuestra vida.

Capítulo doce

Relajación
en la vida cotidiana

Hemos explorado cinco niveles de relajación. Hemos aprendido varias técnicas de relajación. Ahora ya está listo para iniciar el proceso de integrar esas técnicas en su vida cotidiana. No es suficiente con saber cosas acerca de la relajación: ahora necesita llevarla a la práctica en la vida cotidiana.

Pero antes de alcanzar el objetivo de la práctica diaria de la relajación deberá superar alguna resistencia. Puede que le parezca excesivo añadir otra actividad a su ya de por sí apretada agenda.

PRÁCTICA DIARIA

Uno de los problemas que aparecen a la hora de iniciar una práctica diaria de relajación es que a menudo tenemos que renunciar a algo que parece agradable para iniciar otra cosa que parece difícil. Por ejemplo, puede parecer estupendo sentarse en el sofá, ver la televisión mientras devora palomitas. Puede parecer muy difícil levantarse, hacer ejercicio, meditar o practicar respiración diafragmática.

Existen varias maneras de superar esta inercia. Piense en la práctica de la relajación de manera que le parezca menos desalentadora. Póngaselo más fácil diciéndose que para empezar sólo necesita practicar relajación durante cinco o diez minutos. Dígase que sólo va a probar durante una o dos semanas.

Puede recompensarse a sí mismo por practicar relajación llevando a cabo una actividad placentera después de la misma Un incentivo de ese tipo puede ayudarle a superar la inercia.

Puede recompensarse a sí mismo por practicar relajación llevando a cabo una actividad placentera después de la misma.

Puede practicar relajación en un entorno agradable, con una música suave de fondo y aire fresco que entre por la ventana. Varíe su práctica de día en día o cada semana para hacerla más interesante. Mantenga una actitud desenfadada y creativa.

También le ayudará el irse haciendo consciente de las sensaciones agradables que acompañan la relajación. Puede darse cuenta que le sienta bien relajar la tensión muscular, o calmar el sistema nervioso autónomo, o soltar las emociones negativas al centrar la mente. La experiencia de relajación es placentera en sí misma, mientras que la tensión es dolorosa en última instancia. Si se concede el tiempo necesario para darse cuenta de ello, tendrá ganas de que llegue la próxima sesión de relajación.

Puede practicar relajación en un entorno agradable, con una música suave de fondo y aire fresco que entre por la ventana.

Si es capaz de practicar relajación cada día durante veintiún días, habrá creado un hábito saludable. Para entonces, la práctica de la relajación le parecerá tan natural como cepillarse los dientes o lavarse la cara.

RELAJACIÓN INDIVIDUALIZADA

No hay un programa de relajación estándar que se adecue a todo el mundo. Pero sí que hay un programa de relajación que es el adecuado para usted. Deberá escoger un programa que encaje con su situación, necesidades y temperamento.

Si tiene compromisos
laborales o familiares,
necesitará seleccionar
prácticas más cortas que
puedan encajar en su
horario.

182

Su elección del método de relajación deberá estar guiado por el patrón de tensión que habrá identificado en la lista de síntomas que aparece en el capítulo 1. Por ejemplo, si padece de dolores de cabeza tensionales y frecuentes, la relajación muscular será la apropiada. Si sufre ataques de ansiedad, entonces los suyos serán los ejercicios respiratorios, y las técnicas de relajación emocional, mental y del SNA. Si dominan los síntomas emocionales, entonces deberá utilizar las técnicas de relajación emocional. Si su mente corre desbocada y caótica, necesita practicar las técnicas de relajación mental. Si se siente aislado y vacío, entonces deberá empezar con la relajación espiritual.

A la hora de diseñar un programa de relajación deberá tener en cuenta las circunstancias de su vida. Si tiene compromisos laborales o familiares, necesitará seleccionar prácticas más cortas que puedan encajar en su horario. Si es una persona mayor, caminar o nadar podrían ser buenas opciones a la hora de hacer ejercicio. Si es usted una persona joven, el ejercicio vigoroso encajará en su programa de relajación. Si es introvertida, entonces puede querer practicar en soledad. Si por el contrario es extrovertida, disfrutará en una clase de relajación.

Su programa diario de relajación deberá incluir alguna forma de práctica de relajación directa, como las descritas en los capítulos 3 y 5. Los diferentes elementos pueden acoplarse en una sola sesión de relajación. Puede empezar con respiración diafragmática, seguir con relajación diferencial y concluir concentrándose en la respiración. La meditación aúna la relajación muscular, la respiración, la concentración mental, el equilibrio emocional y la armonía espiritual.

Hacer ejercicio es un método de relajación que ayuda a todo el mundo. El ejercicio reduce la tensión a muchos niveles. Realizar algunos ejercicios activos a diario o en días alternos es una parte muy beneficiosa de un programa de relajación completo.

Realizar algunos ejercicios activos a diario o en días alternos es una parte muy beneficiosa de un programa de relajación completo.

183

Componente	Duración	Opciones
Relajación directa	1-2 veces al día durante 10-20 minutos	tensar-relajar, diferencial, respiración diafragmática, autónoma, 61 puntos, etc.
Ejercicio	20-30 minutos 3-4 veces a la semana	Activa: andar, ir en bici, jogging, aeróbic. Pasiva: estiramientos de yoga.
Relajación activa	2-3 minutos 3-5 veces al día	3 respiraciones diafragmáticas, comprobar tensiones y soltar, concentración, meditación en acción
Relajación espiritual	5-15 minutos diarios o 90 minutos una vez por semana	oración, leer escrituras, servicio compasivo, meditación, veneración

Los ejercicios diarios de estiramiento pueden realizarse durante unos cuantos minutos mañana y tarde mediante ejercicios como rotar el cuello, levantar y bajar los hombros y estirar los brazos por encima de la cabeza. Reserve de treinta a sesenta minutos varias veces a la semana para llevar a cabo una rutina completa de ejercicios de estiramiento.

Un tercer componente es la relajación en acción. Aprenda a darse cuenta de la tensión y a relajarla de manera consciente durante las actividades cotidianas. Una forma de practicar la relajación en acción es fijarse en un acontecimiento específico. Cuando acabe de hablar por teléfono, respire con el diafragma tres veces. Siempre que pase por un lugar determinado en su camino hacia el trabajo, compruebe su respiración y suelte la tensión de hombros, cuello y rostro. La meditación en acción le ayudará a mantenerse relajado a lo largo del día.

La relajación espiritual también debería ser un componente de su práctica cotidiana de relajación. Si considera que el nivel espiritual se encuentra en la parte superior de la jerarquía de la relajación, y que la relajación espiritual alivia la tensión en todos los demás niveles, entonces comprenderá lo importante que es contar con una práctica espiritual que forme parte de su programa de relajación cotidiano.

Reserve unos minutos cada día para rezar y para el estudio de alguna escritura sagrada. Puede destinar un período diario a la meditación. También podría dedicar un tiempo diario o semanal a un tipo de veneración formal. Asimismo, podría practicar cada día un tipo de servicio compasivo. La práctica espiritual diaria reforzará sus creencias y su fe, profundizará su sentido de identidad y propósito y le insuflará esperanza y optimismo.

Estos cuatro componentes de la práctica relajatoria —técnicas de relajación directa, ejercicio, relajación en acción y práctica espiritual— son los fundamentos clave de un programa de relajación completo. Puede utilizar otras técnicas según la situación y sus necesidades. Y también está a su disposición el variar el contenido de su práctica diaria de relajación a fin de mantenerla fresca, interesante y agradable.

184

Las técnicas de relajación directa, el ejercicio, la relajación en acción y la práctica espiritual son los fundamentos clave de un programa de relajación completo.

DORMIR BIEN

Dormir es relajación natural. Es cuando desechamos las preocupaciones del vivir cotidiano y relajamos cuerpo y mente por completo. Durante el sueño tiene lugar un proceso de curación y renovación a todos los niveles. Tras una noche en que dormimos bien, nos sentimos descansados y renovados.

Al menos así tendría que ser. Por desgracia, el sueño suele ser poco descansado. El problema aparece cuando no podemos dormir por la noche. Y si nos dormimos no podemos dormir de un tirón. Nos sentimos tensos e inquietos durante toda la noche. Nos levantamos antes o bien tratar de levantarse a la hora que toca se convierte en una lucha. Nos sentimos cansados durante todo el día. Necesitamos una taza de café para empezar a funcionar y calmantes para parar. En última instancia, nos estamos negando la profunda relajación natural que permite el sueño.

Por fortuna, muchas estrategias diseñadas para cambiar los hábitos y técnicas de relajación pueden ayudarnos a dormir de manera natural y tranquilos durante toda la noche.

> Durante el sueño tiene lugar un proceso de curación y renovación a todos los niveles.

185

CAMBIO DE HÁBITOS	TÉCNICAS DE RELAJACIÓN
Disminuir la cafeína	Practicar la relajación directa antes de acostarse
Eliminar la nicotina	Relajación guiada una vez en la cama
Levantarse temprano	Respiración diafragmática regular y tranquila
Evitar las siestas	Respiración 2:1
Hacer ejercicio a diario	Utilizar monólogos para reducir las preocupaciones
Desarrollar una rutina a la hora de acostarse	Concentrar la mente en algo agradable

La cafeína es un obstáculo a la hora de poder conciliar el sueño. La cafeína es un estimulante muy efectivo que interfiere con la pauta natural de sueño y vigilia. Debería tratar de evitar el té y el café después del mediodía y no beber más de dos tazas al día. Cualquiera que tenga problemas para dormir debería eliminar la cafeína. La nicotina es otro potente estimulante que también debería eliminarse.

Las siestas deberían eliminarse. Hay que evitar cenar tarde. Las pastillas para dormir trastornan la calidad del sueño y con el tiempo dificultan conciliarlo.

Cuando se piensa que se pasa de una tercera a una cuarta parte de la vida durmiendo, uno se da cuenta que vale la pena invertir en una cama y un colchón que sean cómodos. Una colcha cálida pero ligera puede ayudar a que dormir sea una experiencia agradable. Y probablemente dormirá mejor con pijamas de fibras naturales, como algodón o seda.

Colores de tonalidades suaves y un espacio limpio y atractivo convertirán su dormitorio en un lugar agradable en el que dormir.

También vale la pena invertir tiempo, energía y dinero en convertir el dormitorio en un entorno placentero y tranquilo. Colores de tonalidades suaves y un espacio limpio y atractivo convertirán su dormitorio en un lugar agradable a la hora de dormir.

Realizar ejercicios durante el día ayuda a liberar la tensión y a sentirse cansado de manera natural. La práctica de la relajación reducirá todavía más las tensiones. Antes de meterse en la cama, reserve de diez a veinte minutos para practicar una de las técnicas de relajación directa.

Una vez en la cama, lleve a cabo una breve relajación guiada para soltar cualquier tensión muscular residual. A continuación inicie una serie de respiraciones diafragmáticas regulares y tranquilas. Luego practique la respiración 2:1, en la que la espiración se prolonga el doble que la inspiración. Por lo general, contar hasta tres o cuatro durante la inspiración, y hasta seis u ocho durante la espiración, suele ser lo más conveniente. Esta técnica hace que el cuerpo, el sistema nervioso y la mente alcancen un estado de calma y sosiego. La mayoría de las personas se quedan dormidas al cabo de pocos minutos de practicar la respiración 2:1.

La respiración 2:1 es la base de un ejercicio específico para dormir. Empiece con una serie de ocho respiraciones 2:1 mientras permanece estirado sobre la espalda. A continuación, y estirado sobre el costado derecho, realice dieciséis respiraciones 2:1. Finalmente, estirado sobre el costado izquierdo, lleve a cabo treinta y dos respiraciones 2:1. La mayoría de las personas se duermen durante este ejercicio. Si no lo consigue, repita el proceso. Si ni siquiera así puede conciliar el sueño, continúe con la respiración 2:1.

En ocasiones, una mente tensa y demasiado activa puede mantenerle despierto. Si ése es el caso, necesitará recurrir a los monólogos interiores para decirse a sí mismo que no es bueno pensar en problemas a última hora de la noche. Todos los problemas parecen más grandes o más amenazadores por la noche. Suelte, y dígase a sí mismo que mañana será otro día. O bien levántese y escriba sus preocupaciones. Le sorprenderá darse cuenta de que problemas que parecían tan enormes e insolubles durante la noche, en realidad resultan bastante manejables a la luz del día.

187

Necesitará recurrir a los monólogos interiores para decirse a sí mismo que no es bueno pensar en problemas a última hora de la noche.

Si su mente está consumida por pensamientos negativos sobre alguien, utilice la técnica de morar en lo opuesto. Si siente resentimiento hacia alguien, envíe sentimientos de compasión y comprensión; si siente cólera, envíe sentimientos de amor. Eso le ayudará a liberar los pensamientos y emociones negativos que le mantienen despierto.

A veces ayuda concentrar la mente ligeramente. Puede utilizar la técnica del sitio favorito descrita en el capítulo 5. O bien puede repasar los acontecimientos del día, mirándolos como si estuviese viendo una grabación en vídeo, observándolos desde la mañana a la noche. Recordar la progresión de sucesos concentra la mente y ayuda a conciliar el sueño.

Un horario regular también puede mejorar su sueño. Levántese temprano, permanezca atareado y activo durante día y acuéstese a una hora razonable. Su horario debe permitirle de seis a ocho horas de sueño. Mantenga este ritmo durante toda la semana. No se acueste tarde el fin de semana, porque eso hace que sea más difícil conciliar el sueño a la hora de siempre el domingo por la noche.

No se acueste tarde el fin de semana, porque eso hace que sea más difícil conciliar el sueño a la hora de siempre el domingo por la noche.

Desarrolle una rutina a la hora de acostarse. Esta rutina puede dar comienzo con apagar las luces, comprobar la calefacción, sacar al perro y apagar el lavaplatos. A continuación realice unos cuantos estiramientos y una relajación, lávese la cara, cepíllese los dientes, póngase el pijama y métase en la cama. Esta rutina se convertirá en una serie de pasos que le llevarán a dormir de manera natural.

Asegúrese de usar la cama sólo para dormir y hacer el amor. No trabaje, lea, hable por teléfono o vea la televisión en la cama. Lo que usted quiere es desarrollar un vínculo condicionado con su cama considerándola un lugar donde dormir, sin asociarla con ningún otro tipo de actividad.

Si ni siquiera puede conciliar el sueño después de realizar la relajación y los ejercicios respiratorios, levántese, vaya a otra habitación y escuche música o lea un libro hasta que se sienta cansado. Regrese entonces a la cama y duerma. Si no puede, repita este paso. Por muchas dificultades que tenga a la hora de conciliar el sueño, asegúrese de levantarse a la mañana siguiente a la hora de costumbre.

Si practica relajación y ejercicios respiratorios y sigue esas pautas de sentido común, conseguirá el descanso que necesita y conformará un hábito positivo de sueño relajante, natural y reparador.

SENDEROS PARA EL VIAJE

En este libro usted ha explorado cinco importantes senderos hacia la relajación. En este capítulo ha aprendido la manera de integrar la relajación en su vida cotidiana. Tenga en cuenta que la relajación es un proceso, un viaje de exploración y crecimiento que dura toda la vida.

Con el tiempo puede se dará cuenta de que su práctica de relajación cambia y se desarrolla. Llegará a descubrir nuevas técnicas de relajación. Puede experimentar profundos y sutiles estados de relajación. También puede revisar técnicas básicas y redescubrir su efectividad.

Los senderos de la relajación descritos en este libro están pensados para iniciarle en un viaje de autoexploración y autodesarrollo. Considérelos como herramientas para mantenerse saludable, fresco y energético al viajar por la vida.

Por muchas dificultades que tenga a la hora de conciliar el sueño, asegúrese de levantarse a la mañana siguiente a la hora de costumbre.

189